ハワイの女神ペレに導かれて

ビジネス未経験の専業主婦を
成功させたホ・オポノポノ式経営

佐藤知己
TOMOMI SATO

はじめに

「楽しいから笑うのではなく、笑っているから楽しくなる」そんな思いを伝えられたら

　2006年5月15日、夫である佐藤永次さんとともに立ち上げた「ペレ・グレイス」は、2016年で設立10年となります。ゼロから作り上げた会員組織も気がつけば4万人（2016年3月現在）。売上も40億円に迫る数字となり、「目指せ100億円企業」の目標が現実味を帯びてきました。

　専業主婦で、化粧品業界でのキャリアもなく、無知で無欲だった私が、皆様のおかげでここまでこられました。
　この本は、ペレ・グレイスを支えてくださったすべての方に感謝の気持ちを送り届けたいという強い気持ちから作りました。

　この本を一番に読んでもらいたかった私の父は、2012年4月に亡くなりました。自分が生きているこの世界で、父と向き合って会話ができないというのは、本当に辛いです。失って初めて、この世界で会えない現実

を目の当たりにして、虚しさでやりきれなくなりました。

　大学の教授だった父は、
「幸せな人生だった。大した財産は残せなかったけれど、おまえたち家族が、そして、全国にいる卒業生が僕の財産だ。全国どこへ行っても喜んで迎えてくれて、楽しいお酒が飲める。こんなに愉快なことはない。だから後悔はないからな」
　そう言い残して静かに旅立ちました。

私の母はもちろん、私も永次さんも、家族みんなが大好きだった父。豪快で、いつもにこにこしていて、お酒を飲むとちょっぴり大きな声になる父。それにつられて周りのみんなも笑顔でした。
　そんな父を尊敬していたし、父みたいになりたいとずっと思っていました。

　ハワイの女神「ペレ」とスピリチュアルな世界で交信し、サポートしてくれたハワイ島在住のハレアカ・イオラニ・プレ（通称：アカ）さんも、2014年8月に旅立ちました。

　大切な人はどうして、こんなにあっけなく、まるで、旅行に行くかのように去ってしまうのでしょう。アカにもこの本を送りたかった…。

　私は39歳の時、縁あって「ペレ・グレイス」の代表になりました。
　途中、父やアカのような大切な人との別れを体験しながらも、歩を止めることなく走り続けてきました。どんなに大変な状況にあっても、いつも「笑顔」でいることを意識してきました。

辛いからといって辛い顔をしていたら本当に全身が辛くなります。とりあえず笑っているとそのうち、大した問題でもないように思えてくるから、不思議です。
「楽しいから笑うのではなく、笑っているから楽しくなる」という言葉通りなのだと思います。

　この本を通してそんな思いの一部を伝えられたら。私のような立場の人間が伝えるのもおこがましい気もしますが、体験をシェアすることで人はもっと幸せになれると信じています。
　あわせて、いつもお世話になっている多くの方たちに、この本を通して、御礼が伝えたいです。いつも本当にありがとう。

　そして、まだお会いしたことのない人にも、この本を通してハワイの自然がもたらす恩恵が届くことを祈っています。
　アロハ・スピリッツとともに、笑顔とともに。

　　　　　　　　　ペレ・グレイス株式会社 代表取締役　佐藤知己

はじめに 002
ハワイマップ 008

Chapter 1
専業主婦だった私が会社を立ち上げるまで

1本の美容液との出会いが、すべてのはじまりだった 010
主婦として過ごす毎日は幸せだった／運命を変える美容液との出会い／
深く考えていなかった「会社を作る」ということ

専業主婦から、化粧品会社の代表取締役に 015
「私は小さい頃から運がいい！」／頭の中にいつもあった母の言葉

ハワイに導かれて 017
固定概念にとらわれず自分たちらしいやり方で／「ハワイの女神ペレのエネルギーを感じる」／
ハワイの女神の名前を会社名に／ハワイの神様から用意されていた

COLUMN　愛しの7番ホール 022

Chapter 2
ペレ・グレイスとハワイ

ハレアカ・イオラニ・プレによるブレッシング 024
強くて優しい島、ハワイ島へ／アカとの緊張の初対面／愛のオーラに溢れた人／
ペレが喜んでいるよ／副社長を襲った荒波／アカが放った意外な一言

キラウエア火山で、「ミリオネアになる」と言われた日 036
ペレに会いに、キラウエア火山まで／大丈夫、ミリオネアになるよ／
楽しくやっていけば、ご縁する人が皆、楽しくなる

ハワイの魅力を伝えていく〜ペレ・グレイスとともに〜 041
利益はハワイに還元／ハワイの魅力〜全米一美しいビーチがあるオアフ島〜／
ハワイの魅力〜ペレが眠るキラウエア火山の島〜／私たちにとってかけがえのない場所

COLUMN　ペレ・グレイスと佐藤ご夫妻 054

Chapter 3
ネットワークビジネスの魅力

人間力を高める「感動ビジネス」 056
3ナイ主義を貫く〜「無理に買わせない」手法とは〜／ネットワークビジネスのイメージに疑問を感じていた／
会社勤めゼロのお嬢様がトップリーダーに／商品に愛をのせた人が成功する／お金を最優先にしている人は結果を出せない

仕事をするうえでの心構え　067
感謝できる人は、幸せな人／自分を鍛えられる場／トップにいる人の特徴

ご縁が大切　074
人との出会いに無駄なことはひとつもない／自分たちが成長すれば出会う人も進化していく／現代は「見返りを求めない愛」の時代／去っていく人にも感謝の気持ちを／「やっぱりペレ・グレイスが好きです」／変わらないことが変えたこと／何か大きな力によってコントロールされている

COLUMN　あの二人を世界一にしたい　084

Chapter 4
ホ・オポノポノ経営でうまくいく

ホ・オポノポノとは「正常な状態に戻す」こと　086
LOKAHI(ロカヒ)で生きる／こだわりを捨てる、決めつけない／会社の存在意義を見失いそうな時期も

ピンチをチャンスに変えるホ・オポノポノ　092
初めての挫折／史上最大のピンチ／困難な問題をポジティブに捉える／「ピンチはチャンス」を身をもって体験

誰か一人が欠けても今のペレ・グレイスはなかった　101
立ち上げ時にサポートしてくれた素敵なご夫妻／トップリーダーとの出会い／物質的な豊かさから精神的な豊かさへ／旅行会社時代の後輩、森田くん／広告宣伝やブランディングは頭になかった／ハワイのOHANA／「家族が基本にある」という考えに親近感

どんな人とも、どんな時でもポノ(調和)でいられるように　113
大事にしているのは、相手の意見を尊重すること／自信を失う衝撃的な出来事／そのままの自分でいればいい／ありのままの自分を受け入れる／体の悲鳴／ハイヤーセルフからのメッセージ

COLUMN　ネットワークで成功する人の3カ条　124

Chapter 5
出会いと別れ、そしてこれから

アカを偲んで　126
突然の旅立ち／アカとの別れで悟ったこと／自然に感謝しながら本能のままに生きた人／天国からのメッセージ／日本が大好きだったアカ／アカが遺してくれた言葉／アカを偲ぶ旅

父を偲んで　139
思い出す、父の姿／生きている間に、すべきこと／この環境にいたからこそ辿り着けた境地

特別対談　社長×副社長　144

COLUMN　妻・知己の書籍出版に際して　152

おわりに　158

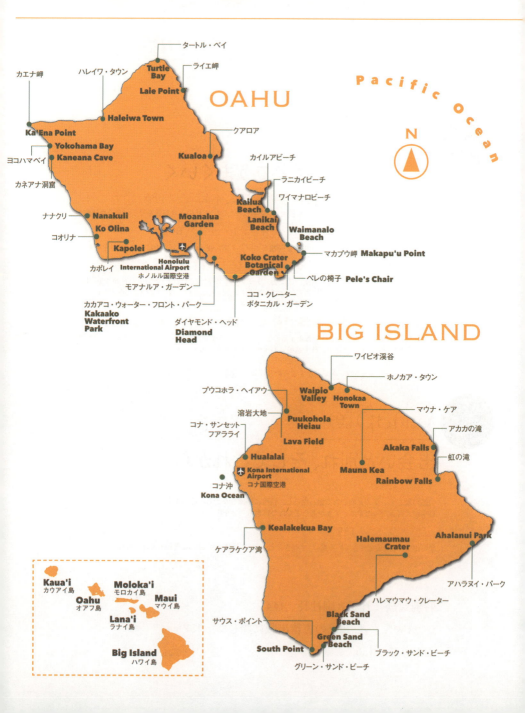

Chapter 1

専業主婦だった私が会社を立ち上げるまで

1本の美容液との出会いが、
すべてのはじまりだった

主婦として過ごす毎日は幸せだった

　おかげさまで、ペレ・グレイスは昨年（2015年）、年商36億円を突破しました。10年前まで専業主婦だった私が、主人と立ち上げた会社です。当時はこんなに大きくなるなんて、全く想像もしていませんでした。私たちはこの10年間、出会った人にただ感謝をして、その出会いを大切にしながら、焦らず、常に前向きに、無理なく自分たちのペースで続けてきました。関わってくださった人すべてのおかげで、この会社があると思っています。

　専業主婦でも、会社の経営者であっても、変わらないものがあります。それは、人への感謝です。専業主婦も素晴らしい仕事だと思います。私は13年間、専業主婦として、その能力を発揮しました。料理も掃除も洗濯も、愛する家族のためにやるすべてのことが楽しくて、娘のおやつも手作りを心がけました。

　今思い返すと、我ながら『スーパー専業主婦』だったかもしれません（笑）。それほど、主婦として過ごす毎日が幸せでした。娘の通う幼稚園や小学校では役員をするなど、社会と繋がる体験もしました。

　実は私の母親も、家族のためにと徹底的に尽くすタイプの専業主

2014年6月に移転した現在の本社のエントランスはハワイの風を感じられる心地良い空間。アロマの香りが漂うゆったりとしたレセプションスペース

婦でしたので、小さい頃から母のようになりたいとずっと思っていました。その夢を叶えてくれる人に出会えた時、私は6年間勤めた旅行会社を辞めることを決意し、家庭に入りました。1993年のことです。翌年には娘も産まれました。

　幸せに満ち溢れた充実の子育ても、娘の成長に伴い、落ち着いていきました。その頃から私は家庭の中で、時間を持て余し、空いた時間に母の仕事を少し手伝うようになりました。

　本格的に仕事をしてみようかな、という思いになったのはその頃でした。とはいえ、人からまた雇われて組織の中で働くということに少し抵抗がありました。そこで思ったのは、ハワイで買いつけた可愛い子供服を日本で販売するという店舗経営でした！

　以前からママ友たちから、娘の洋服のセンスを褒められることが多く、子供服選びには、ちょっと自信がありましたから（笑）。その頃は、ハワイへ旅行するたび、まるで子供服のバイヤーのように、日本未進出（当時）だったGAPKIDSなどで子供服を購入したり、海外通販サイトを通して、とてもキュートな服を入手していたこと

ハワイの女神ペレに導かれて
Chapter 1

もあり、よく友人らから頼まれていたからなのです。

　そこで思い切って主人に、夢の店舗オープン案を相談してみました。が、主人の一言、

「ただハワイに行きたいからじゃないの」

　に撃沈。…趣味は趣味なのですね。でも私は、当時から自分がいいなと思ったことや、やりたいことに、とても正直でした。そういう時に湧き出るエネルギーは強く、スピードもある。中途半端な思いは嫌いで、どちらかというと白黒つけたいタイプです。加えて当時から、美しいもの、可愛いもの、楽しいものに対するセンサーも優れていたと思います。

　一方、主人はいつも穏やか。聡明な人で、常に正しい判断をして、私が私らしくいられるようにと、後ろから、時には前から支えてくれる人です。私がいつでも傷つかないように、悲しまないように、と。そんな私たちを表現するならば、私がアクセルで彼がブレーキ。彼は、事故時にはエアクッションになり、私を安全で安心な場所にと導いてくれる人です。

　主人の冷静な判断によって、雑貨店の経営は諦めました。

看板商品「MAHINA（マヒナ）」の前身の「カノンフラワー」。成分をEGFに変更しカプセル化。2010年12月にモチーフをハワイアンキルトにして名称も変更

運命を変える美容液との出会い

　そんな主人がある日、仕事関係で出会ったという人から化粧品を受け取り、持って帰ってきました。

　それは、美容液でした。

　何だろう、これは…。私は、深く考えずにそれを試しました。

　ちょうど、若い頃の日焼けのつけがまわって、30代から現れてきたシミにも悩んでいました。しかも乾燥肌の私。何かいい化粧品はないかと探していたという時期もあり、これ幸いと、私が使ってみたのです。

　でもよくよく考えると、当時にしては大変珍しいフリーズドライのタイプ。しかも使ってみたら、肌が想像以上にしっとりと、落ち着きます。

　「これは良さそう」

　主人に話すと、彼も同感。さらに、その美容液を主人に持ちかけた人がポツリと、「これ、誰かが販売してくれたらな」と言うではありませんか。

　私たちは、その時、何かの流れに乗るように、「この美容液の販

ハワイの女神ペレに導かれて
Chapter 1

娘の洋服まで手作りだった
専業主婦時代

売をする会社を作ろう」と、そんな話になったのです。

　私のアクセルが踏み込まれたのです。

深く考えていなかった「会社を作る」ということ

　会社を作るということが、どんなことなのか。どんなに大変なことが待ち構えているのかなど、その時の私は深く考えていませんでした。

　ただ、「良い化粧品がある」「販売する会社がまだない」という事実が2つあり、「ならば、私が」と、なっただけ（笑）。

　深く考えていなかったから、始められたのかもしれません。

　この美容液が、ペレ・グレイスの看板商品で、2015年で約33万本、累計で130万本ものヒットを生み出した、「MAHINA(マヒナ)」の前身です。私は恵まれていました。会社を作る前から、MAHINAに近い最高の化粧品に出会え、誰よりも長い期間、使わせていただいているのです。ありがたいことに、初めて会った方から「肌がキレイですね」と言っていただけるのも、こんな幸運があったからかもしれませんね。出会いに感謝です。

専業主婦から、
化粧品会社の代表取締役に

「私は小さい頃から運がいい！」

　会社を作るにあたって、私が代表取締役になるということが決まりました。代表といっても、主人と私、たった二人だけの会社です。ついこの間まで、専業主婦だった私が、突如、株式会社の代表の名刺を持つのです。自分たちで決めたとはいえ、かなり戸惑いました。

　私にできるのかしら…。

　不安はつきませんでした。

　でも私は小さい頃から「なんとかなるさ！」スピリットで、いろんなことを乗り越えてきました。それは、母親がどんな時もありのままの私を認め、褒め続け、自信を与えてくれたからです。

　母親というふっかふかのお布団のような愛情に守られながら、私は育ちました。

　私は守られている！　私は小さい頃から運がいい！

　そのうえ、幸いなことに、会社のパートナーも、人生のパートナーです。

　なんとかなるさ！

　…と、いつの間にか、自分に言い聞かせていました。

ハワイの女神ペレに導かれて
Chapter 1

頭の中にいつもあった母の言葉

　このように「なんとかなるさ」精神があったので、当時の私は、経営セミナーに行ったり、人脈作りのための業界のパーティーで名刺を配ったり、何冊もの経営に関する本を読破する…といった、ストイックなことはしませんでした。もしかしたら必要だったのかもしれませんが、もし、やっていたら逆に怯んでしまって、スタートを切れなかったかもしれません。自分らしくやっていこう、という思いがベースにありました。

　当時、私の頭の中にいつもあったのは、母が小さい頃からずっと私に言い続けてきた『知ちゃんは知ちゃんらしく』。

　そんな母は、10年経った今でも一番のペレ・グレイスファンであり、私のパワーの源です。

　世の中には、自分で会社を起こしたい、自分の夢を叶えたい、という主婦の方もたくさんいらっしゃると思います。確かな思いがある限り、実現に向かって最初の一歩を踏み出すべきと私は思います。だって私にだってできたのですから。できない人なんていないと思います。踏み出すか、踏み出さないか、だけの話なのだと思います。

ハワイに導かれて

固定概念にとらわれず自分たちらしいやり方で

　販売商品となる美容液は、先にも述べたとおり、フリーズドライ（凍結真空乾燥）加工による化粧品です。それは、配合されている美容成分（EGF：上皮細胞成長因子）が、非常に劣化が早いため、新鮮な状態で提供するために凍結真空乾燥することで、完全防腐剤無添加を実現させた、というものでした。

　EGFという成分は、人間が本来持っている成長因子で、体内で53個のアミノ酸から形成させるタンパク質の一種です。皮膚細胞の再生を促進し、肌にハリとツヤをもたらすだけでなく、シミやくすみをも改善させる効果があるといわれています（現在、ペレ・グレイスが販売している「MAHINA」に配合されているのは、EGFの機能を超えるといわれる「プロテオグリカン」です）。

　その形状や使い方のこだわりから、私と主人（以下、副社長）は、この商品の販売を丁寧に、使用者の言葉で正しく伝えたいと考えるようになりました。

　人から人へ、その思いや言葉がまた次の人へと伝達されていく。

　そこから広がる無限の可能性と、大きな想い…。

人がひとつの代理店のような役目を果たしながら販売していく、というのは、つまり、「ネットワーク販売」になります。とはいえ、私も副社長もネットワークビジネスのディストリビューター体験はありませんでした。どちらかといえば、この業界に負のイメージがあったのです。
　でも、商品の特性上、口コミに適した商品だと捉え、経験がなかったからこそ、既存のやり方、固定観念に捉われることなく、自分たちらしいカタチでやっていこう、と決心しました。

「ハワイの女神ペレのエネルギーを感じる」

　時同じくして、その美容液をある人に見ていただく機会がありました。すると彼女は私たちが想像もしなかったことを口にしたのです。「ハワイの女神、ペレのエネルギーを感じる」、と。
　ハワイが大好きで、学生時代からハワイに頻繁に旅をし、就職も、「ハワイに行きやすい環境に身を置きたい」という理由で旅行会社を選んだ私です。まさか、起業してまで「大好きなハワイ」が絡んでくるとは…。

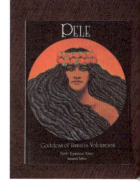

嫉妬で人を焼き殺したといわれている火の女神、ペレのイラスト。でも実際は伝承されているよりもずっと美しい女神なのだという

　早速私はハワイの神話について調べました。

　神話の中で、ひときわ存在感のあるペレは、ハワイ島の火山の女神で、——諸説ありますが——、嫉妬心が強く、人を怒りで焼き殺すほどの強いエネルギーを持っていて、彼女の魂はハワイ島のキラウエア火山のハレマウマウ火口に眠っている、といわれていることがわかりました。

　もともとハワイには、その土地や花、月、虹、滝など、自然の万物すべてに精霊が宿るという考えが古くからあり、その神話は強い信仰心を持って、代々伝えられています。女神ペレも然り。

　神話上のペレのイラストは、瞳を据えて手のひらに炎を抱えてあぐらをかいて座っています。

　今にも溢れそうなエネルギーを抱えた、芯の強そうな女性…それが私のペレのイラストを初めて見た時の印象です。強さの中に美しさがあります。目が離せませんでした。

　実際、ハワイ島は、ハワイ諸島の中でも今も噴火を続ける、エネルギッシュな現代に最も近い島。私は不思議と、自分とハワイ島との深い関係を考えずにはいられませんでした。

ハワイの女神の名前を会社名に

　これにも、何か意味があるのかもしれない…。

　私と副社長は、ハワイの女神「ペレ」を会社名に使うことを決断します。

　後日、先の女性にその報告をすると、

「もし『ペレ』という言葉を社名に使うのであれば、必ず、現地ハワイ島まで行って、カフナの元で、許可をもらわなければいけない」

　と言うのです。

　カフナとは、ハワイ古代の叡智を守り、ハワイの神と繋がる神官のような存在です。当時の私には聞き慣れない言葉で、よくその意味がわかりませんでした。副社長と二人、必死でハワイ島在住のカフナを探すことになります。

　そして、色々な情報を駆使して、ようやく見つけた一人のカフナ。彼女を通して、ペレの名前の使用許可をもらうため、私たちはハワイ島へ向かいます。後になって知りましたが、そのカフナはハワイ島では名の通った人であり、親日家。日本の著名なスピリチュアルヒーラーさんとも交流がある方でした。

女神ペレが眠るキラウエア火山。ハワイ島のキラウエア火山国立公園内のハレマウマウ火口に、ハワイの神話上の女神「ペレ」の魂が宿っているといわれている

　それにしても、神話の中の女神から、どうやって許可をもらうのでしょう。

（カフナって、どんな人なのだろう。何をするのだろう）

　何ひとつイメージができずに、私たちは、旅立ったのです。

ハワイの神様から用意されていた

　今思えば、当時何の躊躇いもなく渡航できたのは、その少し前にハワイのタイムシェアをたまたまプライベートで購入し（こんなこともあるのですね）、ハワイ島までの家族三人分の航空券を、数ヶ月前に購入していたからなのです。

　まるでハワイの神様から

「これでいらっしゃいね」

と、用意されていたかのように。

　本当に不思議なものです。購入当時は「ペレ」の存在なんて、もちろん知りません。すべては、ここへと、繋がっていたのですね。

　こうして私たち家族三人は、2007年3月、ハワイ島の地に降り立ちました。

COLUMN

愛しの7番ホール

　大好きだった父が愛した7番ホール。

　ハワイ島のワイコロア地区。ビーチ沿いのワイコロアゴルフクラブビーチコースのホールです。

　7番ホールからは、ちょうど視界が開け、ビーチが目の前に広がります。

　生前、父はこの7番ホールに立った時、その美しさに、歓声を上げ、無邪気に喜びました。

　いつも家族や学生のことを考え、多くの人を愛し、愛された人でした。

　2010年8月。本来なら4週間かけて行なう放射線治療を僅か1週間に短縮。治療を終えた翌日に、彼は空港に姿を現し、そのままハワイ島コナ国際空港へ。最初で最後となるハワイ島家族旅行を、実現させたのです。

　その1年8ヶ月後に父は他界しましたが、彼の目にはこの島が魅せる自然の表情が、最後の人生の楽園のように映ったことでしょう。

　本当の天国がどこにあるのか、私にはわかりませんが、父はきっと、あの時に見た美しい7番ホールよりももっと美しい景色の中で、今も心穏やかに、暮らしていると思います。ずっとずっと、

　「大丈夫だ、大丈夫だ。永次と知己の会社だから、うまくいくに決まっている」

　と言い続けてくれた父。

誰よりもペレ・グレイスを応援し、愛してくれました。

　増上寺で行った父とのお別れの通夜・告別式の会場には、想像をはるかに上回る1,200人もの弔問者で溢れ、焼香待ちの人が列をなしていました。父を失い、3年以上経った今もなお、父のことを思い出してくれる人がいます。本当にありがたいことです。

　父はきっとあちらの世界で、照れながらも喜んでいることと思います。

　私はといえば、今も父を近くに感じています。ビーチコースの7番ホールに立つと、父の心に思いを寄せます。

　父が大好きだった、この景色を見ながら。

亡き父が大好きだったハワイ島ワイコロアゴルフクラブビーチコースの7番ホール

Chapter 2

ペレ・グレイスとハワイ

ハレアカ・イオラニ・プレによる
ブレッシング

強くて優しい島、ハワイ島へ

　ホノルルで、ハワイアンムードたっぷりのハワイアン航空機に乗ること50分弱。ハワイ島のコナ国際空港に、到着しました。

　機内のタラップから地上に降りると、容赦なく強い日差しが照りつけます。ここには、大きな柵や、専用通路もありません。飛行機を降りたこの瞬間から、ハワイそのものを感じられます。かすかに届くのは、土と緑の匂い。

　空港関係者が「アロ〜ハ」と笑顔で、迎え入れてくれました。

　私は、いつの間にか、体の力が抜け、深い呼吸とともに心が穏やかになってゆくのを感じました。

　ハワイ島。

　ここは、これまでの私が持っていたハワイのイメージを100％覆すものでした。

　強くて、優しくて、そして温かい島。

　両手を広げて空に向かって目をつむり、島のエネルギーを体に注入しました。

　とうとう、来たんだ。

ハワイ島のコナ国際空港（KOA）。ホノルルの空港から国内線で50分弱。ホノルルとはうってかわってのんびりとした空港に衝撃を受けた

　空港でレンタカーを受け取り、まっすぐに伸びた海岸線を走らせます。溶岩に覆われた西側の海岸線は、コナ国際空港からケアラケクア湾まで96km続きます。

　ハワイ島は、今も噴火の続く生きた島。ハワイ諸島の中で一番若くて、生命のエネルギーに溢れています。広がるのは、むき出しになった荒々しい大自然。海と山、溶岩、雲ひとつない、澄み切った空。その空の下、私たちの乗った車だけ、走っていました。

　圧倒的な自然を前に、私たちができることなんて、本当に些細なことなのだな、としみじみ感じていました。
　今、こうして愛する家族と一緒にこの地を訪れ、心新たに、一歩を踏み出せていることに、私は感動をしていたのです。

アカとの緊張の初対面

　さて、これから会うのは、この島のヘイアウ（神殿）を守りながら、ハワイの自然を敬い、大切に、その思いを伝えるカフナであるハレアカ・イオラニ・プレ（以下、アカ）さん（※大変悲しいこと

に2014年に突然お亡くなりになりました。彼女との大切な思い出は5章に)。

　ハワイ島など行ったことのなかった私たちがネットや人のご縁などを通してようやく、辿り着いたのが彼女でした。

　繋いでくれたのは、ハワイ島でツアーを企画・主催する会社、あいらんど・どりーむずのコーディネーターで通訳の中越智美さん。彼女に会うのも今日が初めてです。

　彼女からは、事前にメールを通したやりとりの中で、
「今日会うアカという人は、ストレートにペレのメッセージを伝える人。彼女にとって、お二人が会社をすでに作り、社名を登記していることなど全く関係ないこと。ダメならダメ、とはっきり言います。佐藤さん、それでも会いますか」

　と、言われていました。

　それでも、私たちは渡航しました。

　そしてとうとうこんなところまで、来てしまいました。どの角度から景色を切り取って見ても、同じ景色がどこまでも広がっているように見える。

ハワイ島西海岸を南北に走る19号線。雄大な景色が広がる。道の両側には無数の溶岩石が転がっている

そんなハワイ島に。

待ち合わせ場所である、ケアラケクア湾近くのコーヒーショップに到着しました。その時の気持ちを正直にいえば、不安と同じぐらい、面倒でもありました。

（ダメって言われても、やるしかないし）

私の頭の中には、「やらない」という選択肢は最初からなかったので、「ダメ」と言われてしまったら、ちょっと面倒なことになるなぁと。走り出したら、もう引き返せないことを、誰よりも一番私がわかっていました。

愛のオーラに溢れた人

待ちわびたアカは、1時間半ほど遅れてやってきました。

彼女が向こうから歩いてくるのを遠くから見た瞬間、副社長と目を合わせ、

（あの人に違いない）

と思いました。

彼女はまさにハワイアンそのものでした。

ハワイの女神ペレに導かれて
Chapter 2

（なんて愛のオーラに溢れた人なのだろう）
　数秒前まであった不安は一瞬にして、どこかへ吹き飛んでしまったかのようでした。
　人は存在だけで人を癒やしたり、力を与えられたりできるものなのですね。彼女には、瞳から表情、手の動き、話し方、歩き方すべてが、私たちを愛で包みこむ、優しい大地のようなエネルギーが溢れていました。
　たった1回のハグで、私たちの心は解きほぐされてしまいました。
　こんな愛のオーラに溢れたハワイアンには、これまでもこれからも会うことはないかもしれないと、今でも思っています。

ペレが喜んでいるよ

　カフェのテラス席で、アカに、ざっとここへ来た目的を説明しました。これまでの経緯と、「ペレ・グレイス」という名前を、社名に使いたいということもはっきり伝えます。
　すると、しばらく目を瞑って深い呼吸をしていたアカが、ゆっくりと目を開け、私たち二人のほうを向き直してこう言ったのです。

初めてアカに会った日に家族三人で。アカは初めて会った時から自然体で私たちを受け入れてくれた

「ペレが喜んでいるよ!」

　私たちは、本当に、本当に、安心しました。

　アカは続けます。

「ペレという女神は、あなたたちもご存知の通り、世界中の人から火の女神として、その恐ろしさとともに伝承されてきた存在。でも本当の彼女の姿は、情熱に溢れた、美しくて、優しい女神なの。あなたたちが取り扱う化粧品が、女性を美しくする美容液であるということに、ペレが今、喜んでいます」

　もうひとつ、つけ加えました。

「『グレイス』という名前との組み合わせも素晴らしい。『グレイス』というのは、優雅さや恩恵を意味する言葉。これが、ペレにぴったり。『Pele's grace(ペレの恩恵)』という言葉こそ、ペレの美しさを引き立たせるものだから」

　その時は、ただただホッとした思いでした。

　(私たちのやっていることは、間違えていないんだ。このまま歩を進めていいのだ)

　とはいえ、これは「第一関門突破」に過ぎません。

ハワイの女神ペレに導かれて
Chapter 2

これからブレッシング（祈祷）に向かうのです。

　カフェを後にして、まずはお供えをするお花（オヒアレフア）を採りに行くことに。その後で、海水と淡水の2箇所で身を浄め、キラウエア火山に行くと聞きました。

　サウス・ポイントに向かう途中の、島南端のカウ（Kau）地域で、オヒアレフアを皆で摘んでいた時です。

　アカがチャントを唱え始めると、「ぽつん」「ぽつん」と、ゆっくりと、大粒の雨が降ってきたのです。

　アカが言いました。

「これは恵みの雨。私が、ブレッシングをすると、いつもお清めの雨が降ってくるの」

　アカのその言葉通り、驚くことにチャントが終わると同時にその雨も止み、青空がぱーっと広がりました。

　アカも、まるで自然の一部のようでした。

　その時、通訳の中越さんが、

「なんか今、お線香の匂いがする。何かが起きるのかもれしれない」

　と言ったのです。

会社名に「ペレ」を使うことの許しを請うために祈祷に向かう途中、ここでペレに捧げるためのオヒアレフアの花を摘んだ

　彼女は、ハワイ島に暮らすようになり、霊的な直感力が研ぎ澄まされていったのか、何か不思議なことが起きる前にはお線香のような匂いを感じるそうです。

　それは、その日の、そして私たちのその後の予言のようなものだったのかもしれません…。

　私たちは目には見えないたくさんの力を今、ここで受けているのだ、これからも受けるのだ、と感じ始めていました。

副社長を襲った荒波

　訪れたサウス・ポイントは呼称で、正確には、カ・ラエ岬というハワイ島最南端の岬です。そこは、ハワイ先住民の祖先であるポリネシア人が最初に上陸したといわれる岬。

　カ・ラエ（Ka Lae）は、ハワイ語で先端という意味。私たちが今いるところは、ハワイのみならず、アメリカ合衆国の最南端でした。アカがいうブレッシングの海水ポイントとは、ここのことでした。

　これから、ここで、何が始まるのだろうか…と、私はドキドキしながら、副社長と娘と一緒に水着になりました。

そして、アカに言われるがまま禊体験が始まりました。

　海の中で、体を浄めます。

　まずは、副社長からでした。

　彼はその時、たかが海、と思っていたでしょう。というのも、それまで私たちがそこで見ていた海は、とっても穏やかだったのです。

　それがどういうことでしょう！

　副社長が沖に向かって入っていくと、とてつもなく高い波が現れ、飲み込むように、彼を襲ったのです。

（パパが死んじゃう〜！）

　娘はその時そう思ったそうです。それぐらいの荒波でした。

　死に物狂いで海から上がってきた彼は、ビショビショになりながら私と娘のほうに近づき、

「すごい波だった。気をつけて！アカの手を離しちゃダメだよ！」

　と、注意を促します。

　彼の姿を見て、私たちは、不安でたまらなくなりました。

　意を決して、私と娘が二人同時に、アカを真ん中にして手を繋いで海に入っていくと……。

米国最南端のサウス・ポイント。南端全体が米国国定歴史建造物に指定され、近くには小さなヘイアウ・オ・カレレア（神殿）も

ちゃっぽーん…。

大きな波は全然来なかったのです。

拍子抜けするほどに。

そこで、アカは、私と娘の頭を手でおさえて、海水の中へ5回潜るようにと、促しました。恐らく、「5回波に身を任せるかわりに、5回海の中に潜る」ということをしたのだと思います。

続いて、通訳の中越さんもアカと一緒に海に入ったのですが、その時に来た波も、いわゆる「普通の波」でした。

アカが放った意外な一言

それにしても、なぜ彼の時だけあんなに高い波が襲ったのでしょう。放心状態で濡れた体を拭いている彼に、アカが言ったのは、意外な一言でした。

「あなたは本気で、会社をやろうとしていますか」

驚きました。

当時の彼には、自分がやりたいことが別にあって、「ペレ・グレイス」の仕事は私のサポート程度にしか考えていなかったのです。

その思いを、ペレに見透かされたのでしょうか。

あの場で通訳をしていた中越さんも、彼の荒波体験をこう振り返ります。

「永次さんが大波に襲われそうになった時、『試されている』感がありました。自然が人間に問いかけをすることがあるんだ、と。人は、常に、自然に問いかけられたり、試されたりしているのかもしれませんが、それに気づかないだけのこと。だからこそ、人は時々自然と対話することが必要なのだと感じました」

自然の力で、ハッと目が覚めた副社長は、アカの問いに、

「Yes, of course（はい、真剣にやります）」

と答えていました。

彼の姿を見て、ここで私も身が引き締まる思いでした。

（いよいよ始まるんだ。ここで、今、ペレ・グレイスが始まるんだ）

彼と一緒に「ペレ・グレイス」の社長として、頑張っていくのだ。

確かな力を持った、この土地、サウス・ポイントで、決心していました。

北東から吹きつける貿易風の影響で木々は斜めに。自然の威力が顕になった土地でもあるサウス・ポイント

2007年3月31日。

今もあの日を忘れたことはありません。

アカが言いました。

「ペレがおいでって言っているから、(キラウエア)火山に行きましょう。淡水ポイントは、(今回は)なしね」

サウス・ポイントで彼が『合格』したからでしょうか。

予定に入っていたマウナロアからの湧き水でできている湿地である、淡水ポイントで全身禊をするのは、中止となりました。

のちに、副社長は、あの時のことをこう笑って言っています。

「あの大波で気づかなかったら、淡水ポイントで大変な思いをしていたかも…」

それほどまでに、あの時の波は、常識では考えられないほどのものでした。

あれはまさしく、ペレが、ハワイの自然を通して彼と私に投げかけたメッセージ。

私たちは、今もそれをまっすぐに受け止め、大切にしています。

ハワイの女神ペレに導かれて
Chapter 2

キラウエア火山で、
「ミリオネアになる」と言われた日

ペレに会いに、キラウエア火山まで

「ペレが（私たちを）呼んでくれていた」というキラウエア火山国立公園（Hawaii Volcanoes National Park）に、到着しました。

キラウエア火山は、ハワイ島のヒロから南西部にある、地球上で最も活発な火山のひとつ。キラウエア（Kiraluea）は、直径約4,500mの巨大なカルデラです。

そのハレマウマウ火口（Hamema'uma'u Creator）には、火の女神ペレが住んでいると言い伝えられ、地元の人たちにより、神聖な地として守られています。

そのダイナミックな自然を一目見ようと、日々世界中から人々が訪れ、ハワイで一番人気の観光スポットとなっています。キラウエアやトレイルについての最新情報を提供するキラウエア・ビジターセンターや展望台もあり、ヘリコプター遊覧やドライブ、トレッキングなどさまざまな楽しみ方ができる、島でも人気の場所で、世界自然遺産にも認定されています。

もちろん私たちは、この日が初めてでした。

キラウエア・ビジターセンターの駐車場横に、ピクニック用のベ

ハレマウマウ火口。巨大なカルデラの中にある火口からは常に白い噴煙が上がっている

ンチがありました。アカが用意してくれたティーリーフの葉をそこで出し、来る途中に皆で摘んだオヒアレフアの花を出して葉に包み、供物を皆で作りました。

　ハワイの捧げ物に欠かせないティーリーフは、魔除けの力があり、ハワイアンの生活に密着しています。

　ハワイでは、ヘイアウ（神殿）などに足を踏み入れる時は、お供え物を用意し、その土地に眠る自然の精霊に、このティーリーフなどとともに敬意を表します。先ほどのオヒアレフアの花を、心をこめてティーリーフに包み、ひと折、ふた折と、気持ちをそこに注ぎました。ペレへ捧げる、初めての贈り物、完成です。

　キラウエア・ビジターセンター前の駐車場の先、細い小道を少し登っていくと、ハレマウマウ火口がおもむろに見渡せるビューポイントがあります。私が知る限り、ここが一番ペレの魂に近い場所。

　真正面の火口に眠るペレに向かって、先ほど用意したお供え物を、遠いペレに届けという思いで、全員で投げました。

　アカが隣で、長い竹笛を吹きながら、チャントを唱えています。

　ペレが眠る火口に向かって全員で祈りを捧げます。

ハワイの女神ペレに導かれて
Chapter 2

大丈夫、ミリオネアになるよ

　目には見えない、ハワイの神話の中の美しい存在、女神ペレ。

　ペレが住んでいるこの火山は、1983年1月以来噴火を続け、2008年には、爆発噴火も起こりました。現在も白い噴煙が見られることがあるそうです。

　ペレは生きているのです。まさしく、ここで。

　今、この瞬間も、私たちの存在を感じているに違いありません。

　私たちは、ここで祈りを捧げた後に、歩いてきた道を戻り、「ペレの息」と呼ばれるスチームベントまで下っていきました。

　そこは、地下から湧き出るスチームが地上に勢いよく上がっている場所。その日は寒かったということもあり、私たちは、「暖かいね」と、両手を当ててこすりながら、そのスチームを体で感じていました。

　その時です。

「大丈夫。絶対成功するし、ミリオネアになるから」

　と、アカが言うのです。

「ミ、ミリオネア？」

「ミリオネアになる」というペレからのメッセージをアカからいただいた場所。ペレの魂が眠る火口からのスチームベント

　副社長と二人で目を合わせました。
　まだ何もしていない状況です。自分たちがミリオネアになるなんて、想像すらできません。
（というか、ミリオネアって、何？）
　アカは真剣な表情で言いました。
「とにかく二人で楽しみなさい。成功するから。大変なこともいっぱいあると思うけど、二人が楽しくやっていれば、関わる人が皆、楽しくなるはず」

楽しくやっていけば、ご縁する人が皆、楽しくなる

　この時、アカから言われた言葉通り、私たちは9年間どんな時も笑顔を忘れず、繋がるご縁を大切にしながらやって来ました。
　アカのこの時の一言がまるで魔法みたいに、残っているのです。
　そんなアカに御礼を伝えたいし、話したいことがたくさんあるのですが、もうアカとは、私たちが暮らすこの世界で会うことはできません。
　アカは、少しだけ私たちより早く、人生の役目を終えて、遠いと

ころに、2014年に旅立ってしまったのです。

　でも、私たちは信じています。私たちのこの感謝の思いは、どんな時も彼女に届いている、と。

　いつどんな時も感謝を忘れずに生きていく私たちの姿が彼女にはずっと見えているのだと。

　だからこそ私は、彼女の旅立った後も、ここで、この世界で、笑顔で、楽しみながらやっていこうと思っています。

　それから、彼女はこうも言いました。

　私たちに大事なキーワードをくれたのです。

「『愛』、『情熱』、『感謝』、『潤い』。これはペレからのメッセージです」

　私たちは、この4つのフレーズを「ペレ・グレイス」の企業理念と決めました。

「関わるすべての人たちの生活を豊かにする」ため、ペレ・グレイスが本格始動しました。

　ハワイの力に押されて。

ハワイの魅力を伝えていく
〜ペレ・グレイスとともに〜

利益はハワイに還元

　私の心には、いつも「ハワイ」がありました。

　2007年の11月には、初めて4泊6日のハワイキャンペーン達成ツアーを実施。これは一定条件をクリアした成績優秀者（会員）に対する、会社からのいわゆるご褒美旅行なのですが、これには、大きな意味があります。それは「ハワイの女神ペレを現地で、参加者に体で感じてもらう」ということです。「ペレ・グレイス」という名前を使って仕事をする限り、「ペレ」に対して敬意を持つことが大事であるということを、販売をするすべての方に伝えたかったのです。

　さらにいえば、「成功したら、少しはハワイに還元してね」と言っていたアカの言葉を重く受け止めていたというのもあります。

　実際にはアカが言ったことですが、でもそれはアカがすべてのハワイアンの思いを代表しているのだと私は受け止めています。

　ペレという存在を、私たちはある意味「利用」して仕事をしているのです。そこで得た利益の一部は、ペレが眠るハワイに還元してこそ、正しいお金の回し方であり、感謝の表現のひとつだと認識しています。

「ハワイに還元しようね」

　これは立ち上げ時からずっと副社長と二人で言い続けていたことなのです。

　以降、ハワイツアーは、2011年を除き、毎年実施しています。

　2015年までに7回行ない、総勢400名の会員の方が、私たちの主催するツアーでハワイに行かれたことになります。

　ハワイ以外のアジアの国への旅行を実施したこともあります。それらを含めると、海外研修ツアーは9回に上ります。単なる観光旅行と違って、現地では日頃お世話になっている会員の方たちと交流をするようなプログラムを作り、絆が深まるとても有意義な旅を提供するのが、私たちのツアーの特徴です。

　ハワイツアーでは、ガイドブックに載っているようなスポットに行くことはあまりなく、ローカルな人たちのライフスタイルに触れて過ごします。ハワイという大自然の中で前向きに暮らす人の生き方を通して、参加者全員が自身と向き合い、旅を終えても、豊かな人生を送っていただきたい、と願っています。

　ハワイの旅を終えても、人生という旅は息絶えるまでずっと続く

2015年秋、副社長とともにオアフ島東海岸を散策。ヒーリングポンドで手足を浄化

わけですから。

　もともと、ハワイには自分自身と対峙できる自然がたくさんあります。それを伝えることが、ペレ・グレイスという会社の使命であると思っています。

ハワイの魅力〜全米一美しいビーチがあるオアフ島〜

　改めて、ハワイの魅力についてお話ししますね。

　日本人だけでなく多くの人を魅了する「ハワイ」とは、北太平洋の真ん中に浮かぶハワイ諸島の総称です。北からカウアイ島、オアフ島、モロカイ島、ラナイ島、マウイ島、（カホオラヴェ島、ニイハウ島もあり）と続き、一番南にハワイ島（現地の人はハワイ諸島と混同を割けるため、ビッグ・アイランドと呼びます）があります。

　多くの観光客が訪れるのはオアフ島で、ワイキキ・ビーチが有名です。巨大ショッピングセンターであるアラモアナS.C.があることから、買い物天国のイメージが強いのですが、島を一周すると、広大で手つかずの自然が残り、のんびりとしたエリアがまだまだたくさんあることに気づきます。全米一美しいと評価された、ウィン

ドサーフィンの聖地であるラニカイ・ビーチや、近くのカイルア・ビーチがあるのも、オアフ島です。サーファーの玄関口、北部ハレイワ（Haleiwa）は、古い町並みが残るノスタルジックな街。最近では、ラニカイを抜いて全米一美しいビーチに選ばれたワイマナロ（Waimanalo）が注目を浴びています。私も先日ワイマナロビーチ近くをのんびり散策したばかりですが、風が優しくて、穏やかで美しかった。オアフ島のビーチも素晴らしいなぁ、と感じたものです。

さらに今、オアフ島はカポレイ（Kapolei）を新都市として開発が進められ、近い将来ここからホノルルへの鉄道も走り、それに伴い近郊のコオリナ（Ko'Olina）へのアクセスも格段に良くなるといわれています。また、コオリナから北上したエリアには、ワイアナエ（Wai'anae）やマカハ（Makaha）、その先のヨコハマ・ベイなど、のんびりとした街並みと美しい自然が広がります。

オアフ島最西端のカエナ岬は、ダイナミックな自然そのままの場所。人も少なくて、静かで美しい岬です。ここから見られる夕陽は最高です。オアフ島西部の景色は、ハワイ島の大自然を彷彿とさせます。

コナの街を見下ろすように存在するマウナケア山。ハワイ語で「白い山」を意味する。4,205メートルの山頂から見下ろす壮大なサンセットと星空は圧巻

ハワイの魅力〜ペレが眠るキラウエア火山の島〜

　ペレ・グレイスといえば、やはりハワイ島です。

　ハワイ島は、ハワイ主要の他の7つの島をすべて足した面積よりも広い島。その大きさゆえ、島の東と西で、趣も景色も全く異なるのが特徴です。

　たとえば、西部のコハラ・コーストのビーチで、サンサンと降り注ぐ太陽の下にいても、車で30分も、内陸部のワイメア（Waimea）に進めば、寒々として、ポツポツと雨が降ってくる。その雨はすぐに止んだかと思うと、目の前には美しい虹が広がるのです。まるでプレゼントのように、マジックのように。この自然を前にすると、人間は、自然には立ち向かえないな、と思います。

　また、島には富士山よりも高い2つの山、マウナ・ケア（Mauna Kea）と、マウナ・ロア（Mauna Loa）があります。マウナ・ケアの山頂の天文台は世界有数の天体観測地で、日本の「すばる望遠鏡」があることでも知られています。この2つの双子のような山が、島の中央に存在しています。

　ペレが眠るキラウエア火山へは、コナ国際空港よりも、ヒロ国際

ハワイの女神ペレに導かれて
Chapter 2

空港のほうが近く、ヒロから45ｋｍほどですので、11号線を走らせて約45分で到着します。

　私たちはアカ亡き後、彼女のエネルギーを改めて感じることを目的とした弔い旅をしたのですが、その時は珍しく（普段ハワイ島に滞在する時はコナを拠点にします）、ヒロに3泊し、丸一日かけてキラウエア・イキ・トレイル（Kilauea Iki Trail）という、クレーターの中のトレッキングコースを歩きました。1959年の噴火では570ｍの高さまで溶岩が吹き上がったところです。

　私たちはその時、ヒロを拠点に、ペレが眠るキラウエア火山の近くを、ひたすら歩き、アカを通してペレを思い、時に、ペレを通してアカを偲びました。

　アカとの8年間の交流の中で、彼女は、ハワイの自然の魅力を惜しみなく、あるがままに伝えてくれました。自然と共存し、自然を敬う大切さも強くアカから学びました。

　キラウエア火山から、サウス・ポイントへ向かう途中には、海に流れ出た溶岩が冷却してできた黒い砂の海岸、プナルウ黒砂海岸

海に流れ込んだ溶岩流が海水で急激に冷やされ、波によって砂状になった真っ黒なビーチ、プナルウ・ブラックサンドビーチ。亀の産卵地としても有名

(Punalu'u Black Sand Beach）があり、時々ここには海亀が顔を出します。

さらに南下すると、グリーン・サンド・ビーチがあります。ここは、溶岩の崖からくずれ落ちたかんらん石の結晶からできた、砂浜が緑色、という大変珍しいビーチです。

私たちにとってかけがえのない場所

そしてサウス・ポイント。私たちにとってここは特別な場所です。ここからすべてが始まりました。

今となっては笑い話の、副社長の大波事件もここでした。その後も、繰り返し訪問しては、心を原点に戻している、ペレ・グレイスにはかけがえのない場所。

寄せては引くここの波は、ペレの腕であり足のような気がします。ここにいれば、ペレに触れてその反応を感じることができるような気がします。同時に気も引き締まります。

不思議なのは、このサウス・ポイントに、会員さんをお連れしようと、近くまで来ても、何度もそれが叶わなかったこと。

道路が塞がるといった、予期せぬアクシデントなどで、毎回訪問できなかったのですが、2015年5月のハワイツアーで、やっと実現ができました。
　皮肉にも、アカがこの世を去った翌年の出来事でした。

　ペレ・グレイスは、会員の皆さんのおかげで、今があります。
　そして、ハワイの神秘的な目に見えない力のおかげで、大きく成長させていただいています。
　会社の代表として、感謝の思いは、常にハワイツアーの実施などで、カタチにしたいと思っています。
　ハワイが大好きな私。ハワイの力を借りて仕事をさせていただき、感謝の気持ちをまたハワイで表現する。とても気持ちのいい、スパイラルがここにあります。
　ハワイ。この美しい楽園に会員の皆さんとともにいられること。大事な仕事仲間と一緒にこの地を踏めること、家族と一緒にハワイに来られること、このすべてに、心の底から、喜びを感じて、そして、感謝しています。Mahalo!

BIG ISLAND & OAHU
HEALING PHOTO COLLECTION

グリーン・サンド・ビーチはマグマに緑色のかんらん石が多く含まれていたために自然に生まれた奇跡の緑色の砂浜のビーチ

BIG ISLAND

ハワイアンの聖地でもあるハワイ島の最高峰マウナケア山。ここから望む景色は世界中の観光客を魅了している

BIG ISLAND

BIG ISLAND

チェーン・オブ・クレーターズ・ロード沿いに広がる雄大な場所。現地のロコに愛されるビューポイント

BIG ISLAND

ハワイ火山国立公園にある溶岩トンネルのサーストン・ラバ・チューブ。自分のオーラが見えるというパワースポット

BIG ISLAND

ワイピオ渓谷の旧坂を
下ったところにある小さ
な村。タロイモ農家や漁
師さんなどが電気や水道
のない暮らしをしている

王家がかつて暮らしたという
聖地、ワイピオ渓谷。晴れた
日は展望台からこの美しく壮
大な岸壁を見下ろせる

OAHU

2015年全米1美しいビーチに選ばれたオアフ島のワイマナロ・ビーチ。観光客で溢れるラニカイビーチよりもワイキキ寄りで、今もっとも穴場ともいえる場所

ココ・クレーター・ボタニカル・ガーデンの黄金の木。幹が金色に見える

オアフ島最南東のマカプウ岬の崖上に建つ溶岩はハワイの神話から「ペレの椅子」といわれている

ヨコハマ・ベイはハワイ島の自然を彷彿とさせる。北上するとオアフ島最西端のカエナ岬。ウエストオアフへのツアーは「ワイルドライフハワイ」(http://wildlifehawaii.com/jp/)を

-COLUMN-

ペレ・グレイスと佐藤ご夫妻

　私にとって、ペレ・グレイス＝佐藤ご夫妻です。私にとっての日本のOHANAであり、憧れであり、見本でもあります。二人の生き方を見て、学ばせてもらうことが本当に多くて感謝の気持ちで一杯です。

　知己社長も永次副社長も、変わらないですね。10年経っても、いい意味で変わりません。どんな人に対してもいつも丁寧に思いやりをもって接していて、見習うことばかりです。

　会社が大きくなると、夫婦の価値観に相違が出るなど、摩擦が多くなる話を聞くこともありますが、二人は違います。仕事も着実に進めながら、経済的にも豊かになり、さらに仲も良くなり、友人も増えている…。本当にすごいなぁと思います。これは、知己さんのお母様の影響も大きいのだと思います。知己さんのお母様は、絶対的な愛で、娘さんを上手に褒めることができる方。

「うちの娘は本当に～いい子なんです」

　これが嫌味にならず、自慢にも聞こえない。娘を愛し、認め、褒め続けると、こんなにも良いお嬢さんが育つのですね。知己さんのお母様の愛情は、ハワイの愛と通じるものがあるかもしれません。

　知己さんとは、「お父さんが大好き」という共通点もあり、しかも、お互い父親を送った年も一緒でした。同じ時期に同じ心の傷みを分かち合いました。辛い年でしたが、知己さんがいたことは、大きな救いでもありました。離れていても、辛い時や、落ち込んだ時、たとえ嫌なことがあっても

（知己さんだったら、こういうふうに思わないだろうな）

と考えて、自分と向き直します。

　ペレ・グレイスと仕事をするようになって10年。

　アカはいなくなってしまったけれど、アカの通訳をしていた時は、自分に必要なメッセージを、通訳をしながら受け取ることもありました。ペレ・グレイスのおかげでアカとの関係性も深まりました。ペレ・グレイスでのお仕事は、参加人数も多くてコーディネーター業としては大変な方ですが、始まるとすごく楽しくて、幸せな気持ちになります。ハワイ島にいらっしゃる会員さんを見ていると、皆さんが、変わっていくのもわかります。皆さん、前向きに、協調性に溢れ、豊かになっていくようです。

　本当に知己さんと永次さんの与える影響は、計り知れぬほど大きいのだと思います。これからもハワイ島から応援します！

（あいらんど・どりーむず：中越智美さん）

Chapter 3

ネットワークビジネスの魅力

人間力を高める「感動ビジネス」

3ナイ主義を貫く〜「無理に買わせない」手法とは〜

　これまでの章で、「ペレ・グレイス」誕生の経緯と、会社とハワイの深い繋がりについてお話ししてきました。

　ここからは、私たちの会社のビジネスのベースである「ネットワークビジネス」の本来のあり方から、魅力までお話しします。

　創業して10年。おかげさまで弊社の業績は、右肩上がりで伸び続け、2010年の売上は6億円、2011年6億5,000万円、2012年8億5,000万円、2013年18億円、2014年33億円、2015年は36億円を記録しました。

　何か特別な成功の法則を貫いたわけでもなく、ありのまま普通にやってきただけなので、この数年の数字を見ると、神がかっていたように感じる時もあります。

　自分の預かり知れぬところで働いた力——目には見えないハワイの力——を「ペレ」を通していただいたのだとすれば、本当にありがたいこと。それに何より、日夜、会員の皆さんの頑張りがあってこそ。本当に心から会員の皆さん一人ひとりの手をとり、御礼を伝えたい。とても感謝しています。

前述の通り、私も副社長もネットワークビジネスは未経験でした。人づてに聞けば、多くの企業において、会員が商品を必要以上に買わされ、在庫を抱えては、オークションサイトなどで叩き売るのも当たり前。さらには、それらの在庫品を処理する業者が存在するという始末…。

　こんな非常識なことがまかり通ってしまう世界があるなんて…。と、私たちはその実態に驚き、自分たちのビジネスでは、「そんな非常識なことは絶対にしない。当たり前のことを当たり前にやって、正しい思考と視点で人を大切にしていこう」と固く決心したのを覚えています。

　そこで、私たちが掲げたのは、

「飾らない、売らない、セミナーやらない」

　というものでした。

　いわゆる、ペレ・グレイスの「3ナイ主義」です。

　まず、会員が必要以上に商品を買いこむことがないようにと、オートシップ（定期購入）は1アイテムのみ、というルールを決めました。それにより、タイトルアップを狙って、会員が商品を自ら大量購入

ハワイの女神ペレに導かれて
Chapter 3

することをできなくしました。追加で購入をする際にも購入点数に制限をつけて、過剰な購入防止策を徹底しましたから、これまで別のネットワーク販売をやっていた会員さんは、おそらく相当に戸惑ったのではないかと思います。

「たくさん買わせる」のが当たり前だった業界で、私たちは、「必要以上に買わせないルール」を作ったのですから。

ネットワークビジネスのイメージに疑問を感じていた

　私たちは、
「必要な人が、必要な分だけ買ってもらえたら」
　こう思っていました。

　いい商品ですから、使っていただきたい。でも必要ではないと感じている人には、買わせたくなかった。私たちにとって、「必要以上に買わせるルール」なんて、もっての他でした。

　また、商品にはかなり自信があったので、これを一人でも多くの人に知ってもらえたら、きっと皆がファンになる。そう確信していましたし、その輪が自然と広がっていけば、売上も伸びるとわかっ

渋谷のワンルームマンションの一室に事務所があった時代。狭い部屋を活用して、会員の皆さんと交流を図りました

ていました。でもそれは、自分たちがコントロールするものではありませんよね。会員さんたちにストレスになるようなことは、絶対にしたくなかったし、トップリーダーの人々にもそのような思考にはなって欲しくありませんでした。

　私たちはこの基礎を徹底しました。驚くことに、このルールを作っても、いや作ったからこそ、毎月のリピート率90%を切ったことがありません。

　さらに、業界では当たり前だった会員向けのセミナーの実施も極力廃止し、必要最低限にしました。会社も会員も「飾らない」をモットーに、ありのままで業務をすることを推進しました。

　スタート当時の私たちの事務所は、恵比寿のマンションの一室。玄関で靴を脱いでスリッパで中に入るという、住まいに近いスタイルの事務所でした。

　副社長とは、事あるごとに
「とにかく無理をしないでやろうね」
「身の丈に合った方法でやっていこうね」
　と話していました。

ハワイの女神ペレに導かれて
Chapter 3

身の丈に合ったやり方というのは、実は意外と難しいものなんです。

気合と期待を持って挑戦する時こそ、その期待度の高さからつい、ワンランク上の姿を見せようとしがちです。

でもそんなところで無理をしたって何のプラスにもなりませんよね。長い目で見れば、そんなのは一瞬のことに過ぎないのです。長く、無理なく続けられるように、自分の人生のステージにあった生き方を選択するというのはとても大事。

最初からそのステージを見極めて、その道を堂々と歩いたほうが、いいに決まっています。

こんなにも私たちが、地に足をつけて堅実に歩けるのは、虚像の売上で成り立っているようにも見えるネットワークビジネスのイメージに、疑問を感じているからなのです。人をコマのように使い、主催する会社の都合で買わせて、巨額の富を生み出したとしても、関わる人のごく一部の人が満足するだけだと思うのです。そういう仕事は、ハッピーといえるのでしょうか。

10年現場を見てきて、気づいたことは、本来の愛のある「ネット

ワークビジネス」というものが、いかに多くの感動を人に与え、人生を変えられる素晴らしいものであるか、ということです。

会社勤めゼロのお嬢様がトップリーダーに

　ある女性の成功事例をご紹介します。その人は三人の子供を抱え、生活のためにとこの業界に入りました（始めた当初はシングルマザーだったそうです）。後になって聞いたことですが、彼女は育ちのいいお嬢様。会社勤めの経験はなく、人とのコミュニケーションが苦手であったため、当時、消去法でこの仕事を選んだとのことでした。しかし、やっていくうちに、彼女の潜在能力は開花します。自信とともに、魅力を増し、今では会員の中でもトップ集団に属し、多くの会員から羨望の眼差しを受けるほどになりました。現在の彼女といえば、カンボジアに学校を作っている公益財団法人に3年間寄付をするなど、社会貢献活動にも積極的に取り組んでいます。彼女は今、とてもいきいきと、輝いているのです。

　また、ご主人を亡くし、失意のどん底からペレ・グレイスの仕事

を始めたという方もいます。彼女は、知り合いに紹介されて、この仕事を始めますが、やっていくうちに仲間に恵まれ、少しずつ心を取り戻していきます。そんな矢先に、ふと遊びに来た仕事仲間の一人が、ご主人の遺影を見て、大変驚いたそうです。偶然にもその女性は、亡くなったご主人の教え子だったのです。
　その時、彼女はこう思ったそうです。
「この仕事は亡き主人が繋いでくれたもの」
　今、彼女は、仲間たちを大切に、前を向いて、人生を歩いています。

　このように、人が向き合い、言葉を交わし、出会いを繰り返し、繋がっていくというのは、それだけ多くのチャンスがあるということです。一人では味わえない感動があるうえに、可能性に満ち溢れたビジネスだと思います。もちろん、必要なものだけをネット通販でそのつど購入するというのも否定はしません。便利さを優先してする買い物もありますから。
　ただ何かを買う時に、顔も見えない生産者から、商品の配送とメールの必要最低限のやりとりを事務的に行う、という過程においては、

ペレ・グレイスの原点である場所「サウス・ポイント」に初めて会員さんをお連れできた日。ご縁の広がりを願った

出会いの感動や大きな愛があるとは、私には思えません。

　その点、自分の人生を商品に乗せるかのごとく、自分の生き方そのものを伝えながらのビジネススタイルは、お金を得ながらも、自分のありのままの姿と向き合えます。評価も自分自身のあり方で決まります。

　時につまずいたり、大きな挫折を味わうこともあるかもしれません。でも自分自身を飾らず、偽らず、常に謙虚な気持ちでやっていけば、結果はついてくると考えています。その結果が金銭的な豊かさだけにとどまらない、そこがネットワークビジネスの魅力です。

　それを多くの方に知っていただきたいと思っています。

商品に愛をのせた人が成功する

　副社長が講演会などでよく発信している言葉があります。
「ネットワークで精神的にも豊かになろう」
　というものです。金銭的な豊かさと同じぐらい——もしかしたらそれ以上かもしれません——、会員の皆さんには、この仕事を通して、精神的な満足感を得て欲しいと思っています。会員さんだけで

ハワイの女神ペレに導かれて
Chapter 3

なく、ペレ・グレイスが関わらせていただくすべての会社や皆さんが、幸せになって欲しいと思っています。

　出会う人々すべての人が、平和で、常に心穏やかで幸せな人生を送ってもらえたらといつも思っています。そう思えるのはきっと、家族や学生たちを愛し、彼らのために生きた父の姿をずっと見てきたから、というのが大きいかもしれません。父亡き今も、父に感謝する毎日です。こういう「感謝第一の考え方、生き方」が人生のパートナーでもある副社長と全く同じというのも、本当に幸せなことだなぁ、と副社長には、いつも感謝しています。

お金を最優先にしている人は結果を出せない

　この業界は、やり方によっては、サラリーマンの平均月収をはるかに超えるような大金を稼ぐことができますから、金銭的に裕福になりたいという目的でスタートする人も多いと思います。

　それもこのビジネスの魅力的な側面のひとつですから否定しません。ただ不思議なもので、お金だけを見て、お金を最優先に追い求め、他を顧みない人は、どんなに上手な営業トークをしていても、

芳しい結果を出せていないように見えるのです。

　時代は変わってきています。一昔前に比べ、消費者が敏感になり、良いものや、心を寄せたい人、場所、環境にとても正直で、偽りのものを見極められる力がついてきました。また、信頼を揺るがすような事件や事故が増えてきた社会で、私たちが求めるようになったのは、安心して信じられる人の「言葉の力」なのだと思います。

　先にネット通販には愛があまりないと言いましたが（もちろんすべてがそうではありません）、私は実際に人の目を見て、会話をし、相手から信頼感を得られなければ、そこからは何も始まらないと思っています。不信感からは、何も生まれませんから。
「あなたが、（そんなにキレイで）、そんなに自信を持って伝えているのならば、それを使ってみようかしら」
「あなたの話、もっと聞いてみたい、あなたにもっと会ってみたい」
「あなたに会うと運が良くなる気がする（だから一緒に何か始めてみたい）」
　と思ってもらえるような信頼感。自分という人柄をきちんと伝え、

ハワイの女神ペレに導かれて
Chapter 3

それが相手に理解されて、成果に繋がる。これは、ネットワークビジネスの世界だけに留まりません。

　人は相手を信じるからものを買います。人間関係だけでなく商売も、すべて、そこ、つまり「信頼」が原点なのではないでしょうか。

　だからこそ、販売する側が商品に愛をのせて、自分自身の生き方を偽らずに表現するということが、いかに大事であるか。常に誰の目から見られても、魅力的だな、と思われるような生き方ができているか。自信に満ちた迷いのない人生を送れているかどうか、それらが求められてくるのだと私は思っています。

　そういう視点で見ると、ネットワークビジネスは単なる物売りビジネスに留まらないということがおわかりいただけると思います。自身を看板にした販売業でありながら、常に自分の生き方を評価されるもの。

　人生に緊張感と、謙虚さ、向上心を持って、周囲に感謝の思いを忘れずに、日々を大切に生きている人が、成功する世界なのです。かつ、常に挑戦し続けなくてはならない。

　人生の修行の場ともいえるでしょう。

仕事をするうえでの心構え

感謝できる人は、幸せな人

　社員や会員さんの多くはよくご存知の私の口癖を公開しますね。

「私は運がいい」

「私はいつもツイている」

　です。

　それとセットになっている言葉が

「皆さんのおかげ」

　です。

　副社長をはじめ、家族や周囲のすべての人たちのサポートのおかげで、私は幸せです。本当に、「おかげさま」です。

　専業主婦だった時も、OL時代も、学生時代も、振り返ればずっと昔から、その時に置かれた自分の環境に不満を持ったことはありませんでした。関わってくださるすべての人にいつも感謝をし、皆さんのおかげで今の自分があると思うと、自然と現実をすんなりと、受け入れることができるのです。

　自分が誰かのおかげで生かされていると思うと、自分を大切にしようという気持ちも高まりますし、自分が幸せになることでまた、

誰かを幸せにしたいという、前向きな思考が連鎖してくるのです。
「運がいい人は、感謝できる人」
　言い換えるなら
「感謝するから、運が良くなる」
　でしょうか。
　実際に、年初に手帖に書いた願いごとは毎年叶っているのですよ。それほど大それた願いごとではないのですが、でも毎年実現しているのは、すごいことだなぁと、また、感謝しています。
　これも皆さんのおかげですね。
　ペレ・グレイスには、運がいい人が多いと思います。これはきっと私の運がいいから（笑）。根拠はありません。でも私は運がいいのです。だから、会員の皆さんも絶対運がいいのです！
　何より、人生の中でわかり合える仲間に巡り会えて、一緒に成功を喜び合える友がそばにいるということだけでも、強運の証だと思いませんか。

　たくさんの人に感謝をしていると、自分もその輪の中で満たされ

大好きなアラモアナ・ビーチパーク。ここにいるだけでハッピーになれる

ているのか、さらなるハッピーがやってきます。周りの人が幸せになっていくのを見ると本当に嬉しい。幸せです。

　私も完璧ではありません。欠けているところも、修正すべきところもたくさんあります。でもそれも含めて私は、今の自分を受け止めています。

　今、私はとても幸せです。私たちの会社も、ありがたいことに、ハッピーカンパニーです。だからこそ、私たちと関わった人には温かみを感じて欲しいし、幸せになって欲しい。成功して欲しい。たとえどんな出会いであっても、その出会いを無駄にせずに、お互いがハッピーになって、互いの人生が成長するような、そんなふうに出会いをひとつひとつ大切にしていきたいと思っています。

　ビジネスは、「WIN&WIN」といいますが、私が目指しているのは「HAPPY&HAPPY」です。

　勝負に勝つよりも大事なことは、「幸せになる」ことです。

　私は、たとえ自分が置いてきぼりになっても、ペレ・グレイスで繋がった人たちは、HAPPYでいて欲しいと思っています!!

ハワイの女神ペレに導かれて
Chapter 3

自分を鍛えられる場

　ネットワークビジネスは、自分のそのままの姿で、商売の勝算が出るので、
「自分で自分の魅力を上げていくことが大事」
です。
　この仕事を続けていくと、人と人との深い付き合いの中で、自然と、自分の嫌なところも見えてきます。だからこそどんな時も、自分を高める努力をしないといけないのです。
　トークを上手にするとか、お肌をキレイにするとか、全身高級ブランドのものを身に着けるとか、そういう表面的なことではなくて、中身を磨くこと。中からにじみ出る豊かな人間性を磨くことです。それは、ふとした時に外に出るので、今日明日で身につくものでもありませんし、隠せません。でも、それは生きていくうえでとても大事。
　数えきれないほどの失敗や挫折を繰り返して、人の思いを汲み取れるような心の敏感さや、柔らかさなどを得ながら、自分らしさを極めていくことの延長にあるのだと思います。

結果、人を引きつける魅力が身につくのではないでしょうか。

　生きることとは、「愛」を知り、「愛」を受け取り、無償の愛を送り続け、人間性を高める修行です。ネットワークビジネスを通して自分と向き合い、自分を高めるのは、生きることそのものといえるのです。

　この仕事は、人生の学びの場所といえるのではないでしょうか。

　ネットワークビジネスをしていると、嫌な感情や問題を抱えることも多々あると思います。会社勤めであっても同じことがあるとは思いますが、会社のように、同僚や上司が守ってくれるということがまずありません。自分自身でやっていることの責任は、自分でとるしかないのです。

　相手にしているのは生身の人間ですから、言葉遣いに始まってすべて、相手を思いやり、常に謙虚にちゃんとやっていかなければ、人は去っていってしまいます。

　何か問題が起きた時は、言い訳もせず、自分が未熟だと反省をして、自分自身を変えていく。これしかないのです。仕事仲間はいても、結局は自分自身の問題ですから。それを隠すことはできません。

ハワイの女神ペレに導かれて
Chapter 3

自分で全責任を負い、自分の意思決定で進めていくものなのです。

　でもこれを「魅力的」と受け止める人も多くいます。自由に自分のやり方で、自分の好きな人を縁に、どんどん輪を広げ、自分と一緒に、ハッピー感染を続けるような、そんな前向きな発想でできる人なら大丈夫です。

トップにいる人の特徴

　私の知る限り、トップにいる方ほど、たゆまぬ努力をしています。

　彼らは、自分の置かれた立場に甘んじることなく、常に走り続けています。1日に仕事のアポイントメントを4つも5つも入れて、それらをすべて楽しみながら、精力的に活動しているのです。私は彼らを見ていつも素晴らしいなと感心しています。

　トップで走り続ける彼らは密度の濃い時間を過ごしながら、多くの出会いを重ねています。その出会いひとつひとつに常に感謝できているからでしょうか。さらにいい出会いが訪れるようです。

　もちろん、いいことばかりだけではなく、苦労も多いと思います。でも、いつも前向き。たくさんのことを乗り越えているのです。

そうやって着実に階段を登ってきた人が放つオーラは、やっぱり強い！ 彼らからは、自分を鍛え上げてきた力の強さを感じます。

　トップにいなくても、階段をゆっくり1段ずつでも、上がりながら自分を磨ければ、それで十分だと思います。

　仕事の成功は、お金だけではありません。

　自分の人生と向き合い、常に"気づきの精神"で、どんな出来事も前向きに捉え、成長できれば、それが一番ではないでしょうか。そういう人生を送ることができる人が、一番神様から愛される人のような気がしています。

　私も、ごくたまに深〜く落ち込みますが、何にでも意味があると大きく受け止めるようにしています。

「あぁ、これも気づき。学びのチャンスがあって良かったな。これも私の人生を鍛えてくれるに違いない」と。

　自分を鍛えてくれる場があることは、まだまだ自分に成長のチャンスがあるということです。

　もしそれがなくなってしまったら、人生の修行が終わり、あちらの世界に呼ばれてしまうのかもしれません（笑）。

ご縁が大切

人との出会いに無駄なことはひとつもない

　ネットワークビジネスが、いかに人に感動を与える魅力的なビジネスであるかということをお伝えしてきましたが、これも人が人を繋ぎ、そこから多くのご縁が生まれるからです。

　人との出会いには、無駄なことなど何ひとつありません。どんな出会いにも、そこから多くを学び、何かに気づくため、意味があるはず。それに気づけると、人との出会いがとても楽しくなります。人が運ぶ、人が作る様々な出来事を通して、何か大きなことが自分の人生で動いたとしたら、その人は、意味のある役目を買って出てくれた、（人生の舞台における）大切な役者であるのです。

　この業界は、枝葉がどんどん分かれていき、最初は一人であっても、いつの間にかとてもたくさんの人に繋がっていく、ということが多々あります。そしてどの枝にいる人も、どんな人にも、一人ひとりに与えられた役目というものが確実にあって、その時々に誰かの役に立っているというのも、不思議なものです。

　そういうものは、往々にして、その時はわからないものの、後になってわかるものです。

人は、今繋がっているご縁ばかりに目を向け、意識しがちですが、今は繋がっていないものの、「その人がいなければ、現実は変わっていただろう」という人は過去に多く存在しているものです。
　だからこそ、その時々に自分と繋がってくれた人たちに感謝をしたいと思っています。
　そんな人々を少し思い返してみたいと思います。

自分たちが成長すれば出会う人も進化していく

　2009年に、ペレ・グレイスは、大きなターニングポイントを迎えました。その時はそれほど意識していなかったのですが、今思えばその人との出会いが、会社のこれからを大きく変えていく分岐点になりました。
　彼と出会ったのは、存在感の大きかった一人の会員さんが去って、少し組織が低迷している時期でした。
　彼はそれまでのペレ・グレイスに少なかった、ネットワークビジネスの経験者でした。独自のビジネス感があり、私たちに、これまでにないビジネススタイルの提案をしました。彼は、「これのやり

方ではダメ」「このシステムではダメ」など、ダメダメを連発。

　私と副社長は、戸惑いながらも、彼が我々の経営に興味を持ってくださっているということに感謝し、忠告に耳を傾けていました。ですが、彼の否定的な言動は、好意的に受け止められる限界を超えていきました。

　そして結局、私たちのほうから少しずつ距離を置くようになってしまいました。

　今、彼との繋がりは、ほとんどありませんが、彼の否定的な発言から、自分たちの未熟さを改めたことは事実です。実際に当時は伸び悩み、自信を失っていた時期でもありました。

　でも、不思議なものです。

　彼との出会いをきっかけに――正確にいえば、彼が繋いでくださった人たちとの出会いをきっかけに――、翌年からペレ・グレイスは、大幅に伸びていきました。彼が紹介した人が、現在のペレ・グレイスの会員組織のトップ集団（＊ペレ・グレイスでは「ダイヤモンド会員」と呼びます）にいる人たちを連れて来てくださったのです。ダメ出しを続けていた彼は、ペレ・グレイスに必要な人だったので

ペレ・グレイスでは2014年からCSR活動（企業の社会貢献）のひとつとしてオレンジリボン活動支援を行っている

す。長くペレ・グレイスに在籍するというカタチではなく、別の人を繋ぐ役目の人だったのかもしれません。それでも、私たちからしてみれば、大役です。いろんなことがあったとはいえ、今は彼との出会いに感謝しています。

　彼が去ってからというもの、大きな問題となるような人との出会いは、ほとんどなくなりました。当時は、私たちも未熟だったというのもあったのかもしれません。自分たちが成長すると、出会う人もまた進化していくのだと感じています。

現代は「見返りを求めない愛」の時代

　2010年以降は、素敵な人たちとの出会いが続きます。その頃から、社会におけるネットワークビジネスの考え方そのものが変化してきたように感じます。21世紀に入り、物質的な豊かさよりも、心の豊かさが求められるようになり、「見返りを求めない愛」の時代に切り替わったといわれていますが、確かにその通りだと感じています。2011年の東日本大震災の後、世界中からボランティアの人が東北を訪れ、被災者の気持ちに寄り添い、無償の愛を送りました。

「感謝」の思いと「愛」で人と人が繋がれて、自然とそこに絆が生まれていく。そんな時代に、今私たちは生きているのです。

　ペレ・グレイスという場を通して、素敵な出会いと絆が日々生まれるのを聞くたび、とても嬉しく思っています。今では、登録される本当に多くの方々から、ありがたいことに、

　「ペレ・グレイスには、変な人を紹介したくないんです」

　と言っていただいています。これは本当に嬉しい一言です。

去っていく人にも感謝の気持ちを

　新たに出会う人もいれば、去っていく人がいる。これがこの世の常です。でも私たちは、すべての出会いに感謝したいという強い思いがあり、どんなカタチの別れであっても、離れていった人に感謝し、その後の彼らの人生も、応援していきたいと考えています。

　退会の電話が来た時には、最高の感謝の気持ちを伝えるようにと、スタッフに指示をしています。

　「今までのご愛顧ありがとうございました」

　「またのご縁をお待ちしております」

という言葉は必ず伝えるようにと、徹底しています。ネットワークビジネスの経営者として、単なる会社と顧客の関係だけでなく、ご縁のある人、ご縁を繋いでいただいた人ということを忘れず、強く意識しています。

　大事なのは、退会の時に何かをするというのではなく、活動されている時に、会員一人ひとりに会社として最高のフォローをすること。それを怠らず、すべての人に対してその思いを持ち続けること。

　退会しても「あの会社は良かったよ」と感じていただけるように。

「やっぱりペレ・グレイスが好きです」

　実際に、嬉しいことに、ペレ・グレイスの会員をやめた後も、
「ペレはいい会社だよ」
と言ってくれる方たちが、たくさん存在していると聞きます。

　先日も、創業時に会員だった方とお会いした機会があったのですが、彼は「もう1回やりたいです」と、言うのです。一度活動をやめた方でもずっとペレ・グレイスを好きでいてくださって、そして、もう一度ここで挑戦しようとしてくれている。この業界ではあまり

ないことなのです。一度やめたら別の会社でスタートさせるというのが、常ですから。

　聞けば彼は、
「やっぱり、ペレ・グレイスが好きです。こんな気持ちは初めて」
　と言うのです（愛の告白みたいですね）。
　この業界、色々なことをネットで書き込み、足を引っ張りあうことが多いというのに、やめていった方たちが、去った会社を悪く言わないって、本当にすごいなぁと感じています。
　それだけ私たちの思いが、会員さんたちに通じているのかもしれない、と最近思うようになりました。これからもこの思いを忘れることなく、続けていきます。出会いに感謝ですから。去っていく人にも、感謝の気持ちを届けていきます。

　退会時には、プレゼントのマイル（購入実績に応じて溜まるポイント）が溜まっている人には、必ずこちらからマイルに相当するプレゼントのご案内をします。ささやかではありますが、会社からの感謝の思いのカタチだと思っていただけたら、と考えています。

世界に誇るリゾート、オアフ島のワイキキビーチ。サンセットタイムには永遠に変わることのない美しい景色が視界に

変わらないことが変えたこと

　なぜ、ペレ・グレイスはこの10年でこんなに大きく成長できたのかとよく聞かれるのですが、そのつど頭を抱えてしまいます（笑）。なぜなら、そんな特別な理由など思い当たらないからです。秘策があったわけでもありませんし。

　でもあえていえば、私たちが「変わらなかったから」かもしれません。私たちは、創業当初からずっと同じ思いと同じやり方を徹底しています。それが徐々に認知されて、今に至りました。

　新しい価値観を10年間かけて作ってきて、それが受け入れられただけなのです。

　これを成功というのであれば、そうなのかもしれません。変わらず続けていたことが、私たちの会社を大きく変えたのです。

　次章で触れますが、最初の5年間は、いろんな挫折がありました。

　創業時にいたメンバーが最初に、私たちの思いをキャッチし、それをカタチにする役割をしてくれました。その後、飛躍的に伸びるきっかけとなるキーパーソンとの出会いがありました。そこからは、もう驚くほどの勢いでした。

振り返ると、やっぱり、ペレ・グレイスは、人に支えられて、今があるのですね。

時代にも恵まれました。ある著名な経営者の話で、20世紀は金と権力を求めた時代、21世紀は、愛を求める時代と聞いたことがあります。ネットワークビジネス業界の常識も徐々に、本来のあるべき姿の愛で人を繋ぐ商売という認識へと変わり、それに気づき始めている人が、2010年以降に私たちの周りに増えていき、彼らの言葉が発信されていったというのも、かなり大きな意味を持ちます。

ネットワークビジネス経験者で、引く手あまたの彼らが私たちの会社を選び、登録をしてくれた時、「ずれていたんだ、私たちは」と、私と副社長が目指す理想を聞いた時、そう感じていただいた方もいらっしゃいました。

当時のペレ・グレイスの売上は、5〜6億円程度でした。これが立ち上げ当時の実績の少ない時期だったら、彼らはペレ・グレイスを選んでくれなかったかもしれません。結果として見えてきていた数字が彼らの決断を後押ししてくれたのだと思います。

何か大きな力によってコントロールされている

　成功というものは、人の縁だけでなく、タイミングもとても大きいと思います。また、「(運を) 持っている」人というのは、引き寄せの力が強いので、タイミングよく自分に必要なものを手繰り寄せるのです。

　人生は自分が、そのつど決断を重ねて、未来を作っているものではありますが、何か大きな力によって、コントロールされていると感じたことはありませんか。

　少なくとも、ペレ・グレイスは、女神「ペレ」の力の影響を受けています。だからこそ、必要以上にもがいたり、逆行したり、無理な力を使って何か推し進めて、変えていくのは意味がないと思っています。

「変わらないでいる」って、実はとっても難しいこと。でも「信念」があれば、自然とできるものなのです。

　軸をぶらさずに、愛を持って人と接することも忘れずにやる。

　それを続けていくこと。そして感謝すること。

　これに尽きると思います。

- COLUMN -

あの二人を世界一にしたい

今から10年前。恵比寿のワンルームマンションの一室で、社長と副社長と私というたった三人の時代がありました。雇用されているのは私だけ。おそらく二人の給料が出ない時期もあったと思うのですが、不思議なほど二人は大変そうに見えませんでした。

三人で真剣な話をしている時ですら、楽しかったのを覚えています。だいたい、いつも副社長が大きな案件を決めて、社長が「いいじゃん。前に進むしかないじゃん！」と背中を押していく。本当に信頼し合っている二人で、当時からペレ・グレイスの隠れた理念のひとつでもある『夫婦円満』そのものでした。

うまくいかなかった時でも、「これも自分に対してのヒントだよね」と、いつも前向きでした。飾らずに、自分たちのスタイルをずっと貫いているそのままの二人。しかもサプライズ好き（笑）。人を喜ばせるのが大好きです。愛をどんどん与えて、前向きオーラ全開ですから、ファンがどんどん増えていき、

「この二人と一緒に成功がしたい」

という人をいっぱい引き寄せているのをずっと見てきました。

会社が催すイベントやハワイツアーなんか、ホント大変です…。社長と副社長と一緒に写真を撮りたいという人が、長蛇の列なのです。私が「はい、もう終わり！」と仲裁しなければ、永遠に続きますから（笑）。心だけでなく経済的にも豊かになって成功している会員の皆さんが、感謝の思いを伝えている姿を見ると、社長と副社長がこの会社を通して、人々に与えている影響の大きさは計り知れない、と、身震いがするほどです。

私はこれまで、この二人を業界1位にしたいとずっと思ってきました。その思いは今も変わりませんが、最近では、業界を超えて世界一にしたいと思うようになりました。

この仕事って、一番世界平和に繋がると思っています。その場を提供しているのがペレ・グレイスであり、その先頭に立っているのが、社長と副社長です。

自分の生き方は、自分でしか変えられませんよね。自分自身で気づいて初めて、行動が伴うものです。一人ひとりの行動が変われば、自然と経済的な発展も導かれていく。一人の潤いが、大勢の潤いへとなる。大人が変われば、子供たちの生き方も変わる。…そうやって、社会は変化していくことでしょう。

こんなふうに、社長と副社長は、これからもずっと、企業の代表として多くの人を助けていくと思います。そして大きな枠でとらえた世界を変える「世界ナンバーワン」になっていくのではないかと思っています。私の夢なのですが…。でもそれができるんじゃないかな、と最近思うのです。

10周年を迎えましたが、これがスタート。これからは「世界ナンバーワン」を目指して、私も二人と一緒に前に進んでいきたいと思っています。

（ペレ・グレイス株式会社 取締役：寺坂真美）

Chapter 4

ホ・オポノポノ経営でうまくいく

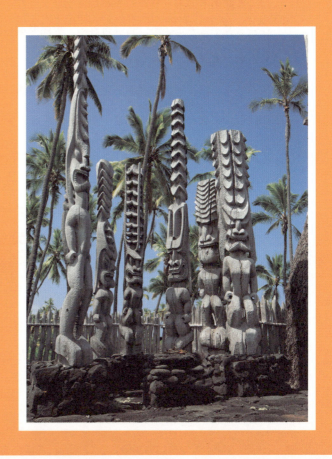

ホ・オポノポノとは
「正常な状態に戻す」こと

LOKAHI（ロカヒ）で生きる

　ハワイの伝統的な教え、「ホ・オポノポノ（Ho'oponopono）」をご存知でしょうか。

　最近は、現代風にアレンジされた書籍が多く出ているので、聞いたことがある方もいらっしゃるかもしれません。ハワイの家族間で伝承されてきたもので、自分自身や、人間関係での不調和を修正するための教えのひとつです。

　ハワイでは、その日にあったネガティブな感情はその日中に、日が沈むのに合わせて、海に流そうという考えがありました。これが海に向かって行なう「ホ・オポノポノ」です。

　また、人との間に起きた揉めごと、対立は、カフナを介して、話し合いによって解決させていたと聞きます。どちらか一方に、解決の意思がない場合、そのセレモニーは実行しないそうで、双方に、解決の意思がなければ問題は解決しない、という考えが基になっているのだと思います。もっともなことですね。

　どの時代、どの場所であっても、生きていれば、人と衝突したり、否定的な思考になってしまうのはあり得ることです。ホ・オポノポ

すべてを笑顔で受け止める
アカ。彼女の生きる姿から
ホ・オポノポノを学んだ

ノでは、それを、善し悪しでジャッジをするのではなく、ただ起きたひとつの事実として受け止めます。とても前向きです。

これは、私たちがハワイ島で、アカとともに禊を受けた後に、「どんな時も笑顔で。前向きに受け入れてやっていくように」

と、彼女から言われたことにも繋がると思います。

アカはホ・オポノポノを創始した一家の直系でもあり、生前は、ホ・オポノポノのワークショップを世界中で行っていたと聞きます。

日本語にして、「正常な状態に戻す」という意味を持つ「ホ・オポノポノ」。

これは、常にポジティブに生きるハワイアンたちにとって、生きる知恵そのものだったのでしょう。ハワイアンたちは、自分自身の心身の状態や人との関係性がいつもロカヒ（LOKAHI＝調和、結束）でいられるように、ホ・オポノポノの思想とともに生きていたのです。

私も、そんなふうに生きたいといつも思っていますし、会社経営も、この思想とともに進めていきたいと考えています。

ペレ・グレイスを作って10年。ハワイ島のサウス・ポイントで起

ハワイの女神ペレに導かれて
Chapter 4

きたあの、『気づきの瞬間』からずっと、ハワイの叡智とともに、マインドも肉体もハートも、常にポノ（調和のとれた状態）であるようにと、心がけてきました。

「健全な精神は健全なる肉体に宿る」の通り、メンタルケアだけでなく、体にも気を配っています。ストレッチや加圧、マラソン、ヨガ、マッサージなど、時間の許す限り肉体のバランスケアをしてきました。

　ここ数年、ホノルルマラソンに参加しているのも、自分の心身の極限に挑戦したいから。のみならず、目標設定しながら、体と心の調子を整えていくことの有効性を高めたいから、という意味もあります。

こだわりを捨てる、決めつけない

　意図せず、何か問題が起きてしまった時は、「愛」を持って、その解決のために、自分ができることを、自分自身で行ないます。誰かを変えるのではなく、自分自身を省みて、必要があれば、自分の行ないを改めます。

ハワイの一大イベント「ホノルルマラソン」にも参加。2015年は1万2000人の日本人が参加したという

　何かをジャッジしようとするから人は争い、傷つけたり、傷つけられたりするのではないでしょうか。人生に正解などありません。何が正しいか悪いか、自分以外の誰かが判断することではないし、それを人に押しつけてはならないと思います。多くの争いごとはそういうところから始まるのではないでしょうか。

　人の数だけ生き方も、考え方もあります。答えはひとつではありません。相手と意見が違って、当たり前です。

　そういう思考グセを身につければ、現実や出来事、相手をも、受け入れやすくなっていくのだと思います。これは、以前ハワイに長く暮らす人と話していて、気づいたことです。

「こだわりを捨てる」「決めつけない」「物事を多面的に見る」

　これだけでも、うんと、人や環境との調和のとれた生き方ができるはずです。あとは自分自身をも愛し、認め、許すことです。

　実際に、私自身も、会社を立ち上げた頃よりも前向きでいられるようになりました。

　主婦の時代には考えられないほどのたくさんの数の出会いや体験を経て、強くなったと感じています。

ハワイの女神ペレに導かれて
Chapter 4

会社の存続意義を見失いそうな時期も

　創業してから3年ぐらいは、ペレ・グレイスにもいろんな出来事がありました。

　私たちはどんな時も相手に敬意を示し、相手を憎むことなく、「ホ・オポノポノ」とともに、それらを乗り越えてきたと思います。

　当時は、知識も経験も全くありませんでしたから、その時に一番近しかったある会員さんを信じて、積極的に彼の助言に耳を傾けていきました。

　でも、ある時、私たちは気づきました。

　彼の言うがまま会社を続けていったら、自分たちはきっと、これからペレ・グレイスの存在価値すら見失ってしまうだろう、と。

　その時のペレ・グレイスの主導権は、おそらく、私たちではなく、彼が握っているともいえました。会社の経営スタイルも今とは少し異なっていました。

　日が経つにつれ、私たちは、

　（ペレ・グレイスは、彼の利益のために、作ったみたいではないか。彼のために会社を作ったのではない。きちんと足元から固め直そう）

ハワイ島のヘイアウ。この近くの湧き水があるところで禊を行い、アカからホ・オポノポノを教わった

と、思うようになりました。

これではいけない、と彼と調和のとれたいい状態、つまりロカヒでいられるように、勇気を出して話し合いをし、会社の軌道修正をしたのです。

振り返れば、彼との揉めごと（これを揉めごとというのかはわかりません）が、ペレ・グレイス設立して初めてのハードルでした。

今、彼はペレ・グレイスの会員ではありませんが、私たちと彼との間に起きた一連の出来事は、会社の仕組み作りだけでなく、社長と副社長という自覚をもって、会社をやっていくという意識を固めるという意味でも、非常に重要だったと思います。

もし彼との対話を恐れ、ずっと彼の言うままに、そのやり方で会社を続けていたら、今のペレ・グレイスの成功はなかったと思いますし、会員ももっと少ないままだったかもしれません。

問題が起きた時は、それが取り返しのつかないほど大きくなる前に、勇気と誠意を持って、向き合うことの大切さを、彼を通して学んだと思っています。

ハワイの女神ペレに導かれて
Chapter 4

ピンチをチャンスに変える
ホ・オポノポノ

初めての挫折

　私たちにとって初めての挫折は、会員Xさんとの問題でした。

　彼は、ネットワークビジネスの経験が豊富な、明るい方でした。ペレ・グレイスをとても大切にし、会員として自身のグループ拡大のために尽力しながらも、所属の系列を超えて、

「ペレ・グレイス全体が良くなればいいんだ」

といつも、会社のことを考えてくれていました。

　Xさんとは、地方でのセミナーや営業など、出張も一緒。食事をともにすることも多く非常に親しい間柄になり、私たちは彼に全幅の信頼を寄せていました。

　しかし、彼が会員登録して2年ほど経った頃のことです。

　他の会員さんから、

「Xさんから、別の仕事を誘われたんです。ペレ・グレイスはいい会社だけれど、お金にはならない、と聞きましたが、これってどういうことでしょう」

　という内容の問い合わせが増えるようになりました。しかも、一人や二人といった人数ではなく、多くの会員が、彼のそんな噂とと

もに不安感を抱いているという実態を知ります。晴天の霹靂でした。

その時は、信頼していた人に裏切られた気持ちでいっぱいになり、会社のスタッフとともに大きなショックを受けたことを、今でも鮮明に記憶しています。

どうして私たちと違う顔を外に見せていたのか、ということももちろん気になりましたが、それと同時に、

（私たちの理想のネットワークビジネスには、限界があるのだろうか。やり方を根本的に変えなくてはならないのだろうか）

と、悩むようになりました。

（Xさんのような立場の人でも、『お金にならない』と感じてしまうなんて…）

（あれだけもらっていても、ダメなんだ…）

サラリーマン生活をしてきた私たちの普通の金銭感覚と、業界で生きてきた人との決定的な価値観の違いに、とても驚いた最初の出来事だったのです。

と同時に、彼の言動によって現場に、（本当に、ペレ・グレイスの仕事は、お金にならないのか）という空気が漂ったことは、事実

ハワイの女神ペレに導かれて
Chapter 4

です。会社にとっては痛手でした。

　それほどまでに彼の存在感が当時は大きかったのです。でもそんな状況になっても、
「心配しないでください」「大丈夫です」
　とエールを送ってくださる会員さんが、たくさんいらっしゃいました。多くの励ましの声が、続々と会社に届きました。本当に救われたような気持ちでした。

　でも残念ながら、これをきっかけに、会社は少し低迷しました。彼を全面的に信頼していただけに、当時のショックは計り知れないほどでしたが、私たちは、彼に対して、怒りも恨みもありません。彼との一連の出来事もまた、私たちの会社のあり方をさらに見直すきっかけとなったからです。
（本当に、私たちの仕組みは、収入がとりにくいのだろうか）
　と、あの時ほど、悩んだ時期はありません。
　お金に対する初めての気づきでした。あの出来事があったから、今のペレ・グレイスの仕組みがあると思っています。

ハワイ島の南部。この木の下でアカは「変化することを恐れないように」と私たちに諭してくれた

　ただ、人との別れは、辛いものです。でも、後ろ向きにならずに
「人がいなくなると、きっとその人に代わる人が必ず登場する」
　そんな、新しい出会いを待っていました。
　そして、2010年、新しい出会いがペレ・グレイスを変えていくのです！

史上最大のピンチ

　人ではなく、法との壁もありました。
　私たちが扱う化粧品というものは、薬機法というルールに則って販売する義務があります。そして、効果効能が高い成分であればあるほど、それを取り扱ううえでの国の規制が厳しくなるというのも現実です。
　ペレ・グレイスの看板商品である「MAHINA」の主成分のEGFが、2012年7月20日の厚生労働省の発表により、化粧品の原料としていずれ使用できなくなることが公になりました。厚労省が、EGFを
「専ら医薬品として使用される成分本質に該当する」
　と結論づけたからでした。

それは言い換えれば、
「現在会員さんが販売をしている会社のトップセラーである商品の主成分が化粧品として販売できなくなってしまう」
　ということでした。
　私の頭によぎったのは、
（これからどうなってしまうのだろう）
　そんな、たとえようのない不安で胸が苦しくなりました。
（せっかくここまで、6年やってきたのに。たくさんの会員にどう説明したらいいのだろう…）
　会員さんたちの顔が浮かびました。
　彼らが、蜘蛛の子を散らすようにパーッと去っていってしまうのではないかという大きな不安がすごく入り乱れていました。しかも業界内では
「EGFはもうダメだ（使えない）」
　と各地で言われるようになってしまいました。
　考えれば考えるほど、心臓がバクバクとして、熟睡できない日々が何日も、何日も、続きました。

これは私たちにはかなりこたえました。

会社始まって以来の大ピンチでした。

困難な問題をポジティブに捉える

しかし、なるようにしかならない、という楽観的な性分の私。ずっと悩んでいても、仕方ありません。気持ちを切り替えて、知り合いの国会議員の方を通して、今回の発表の真意や、この成立の可能性を調べていただくことにしたのです。そして、

「現時点ではあくまでも使えなくなる可能性がある」ということと、「正式に使えなくなることが確定しても移行期間が1年以上ある」というふたつを知りました。

そこで私は、今回の問題をポジティブに捉えることにしました。

その年の秋には、成分を他のものに切り替えることを決定しました。既存のEGFの代わりに、EGFプラスαの効果のある「プロテオグリカン」を使うことにしました。とはいえ、これまでEGFを謳っていただけに、突然「プロテオグリカン」を会員にどう説明していくべきかについては、少し頭を悩ませました。しかし実際には、私

たちがこれまで採用していたEGFが中国の会社からしか入らないルートだったのに対し、プロテオグリカンは産官学の研究の末に誕生した高品質の国産のものでした。

　つまり、結果的に、安心で安全な化粧品の成分を入手できることとなり、価値のあるリニューアルとなったのです。

　翌年の1月には商品のリニューアルを発表、同年9月には新生、「MAHINA」を発売するに至ったのです。全国を行脚して、会員さんたちに説明しました。ここまでの期間は、長かったようなあっという間だったような気がします。

「ピンチはチャンス」を身をもって体験

　残念ながらこのリニューアルをきっかけに去っていった人たちもいます。でも核となるリーダーの人たちは留まり、会員のトータル数が減るどころか、なんと増えたのです。

　売上が8億円から18億円へと、急激に増えたのもちょうどこの時期でした。

　「ピンチはチャンス」

とよく言いますが、私たちは身をもってそのことを体験しました。

会社存続に関わるほどの大ピンチ（化粧品成分の変更の問題）を通して、会社はむしろ成長しました。

さらに、このピンチで、多くを得ました。

そのひとつが、中国から化粧品原料を輸入するうえで様々なリスクがあると知れたこと。もしあのまま中国から仕入れていて、別のトラブルが現実に起きていたら…と思うとゾッとします。

また、「プロテオグリカン」を扱うにあたって、新たな化粧品原料のトップメーカーとの強力なパイプもでき、新しいビジネスの輪も広がりました。そして何よりも、この出来事を通してトップリーダーたちとの結束が強くなったというのも本当に良かった。

「このビジネス、商品だけでやっているのではない。会社の考え方や思いというのが重要。そういうのを伝えていこう」

リーダーたちの意識も高まりました。

生前、アカが常々言っていたのを思い出します。

「単に商品を売っているんじゃない。商品に乗せてペレの思いを伝えているんだよ」

この原点に立ち返れた出来事でした。

史上最大のピンチであり、飛躍的なチャンスだったのです。

人生には、その瞬間、どん底と思えるような出来事が多々あると思います。でも、その時逃げたり、逆らったり、何かを恨んだりしては、その壁が厚くなる一方。

マイナスをプラスに置き換える思考を習慣づけると、どんなピンチがやってきても、

「ほら来た！ また試されているのね」

と、自然なカタチで、チャンスに切り替えることができると思います。

これも、ホ・オポノポノの思想のひとつだと思っています。

ちなみに、2015年12月28日に、EGFについて「医薬品として使用される成分本質に該当する」という正式通達が出されましたが、化粧品は経皮吸収するため例外として使用が可能という、なんともややこしいカタチで決着しました。

誰か一人が欠けても
今のペレ・グレイスはなかった

立ち上げ時にサポートしてくれた素敵なご夫妻

　この事業の根本にあるのは、「人と人が繋がる」というもの。会社においても多くの出会いと別れを体験してきました。

　振り返れば、誰か一人が欠けても、今のペレ・グレイスはありませんでした。

　皆それぞれの役割をその時に果たし、私たちの会社を成長させてくれました。

　立ち上げ間もない頃、私たちを支えてくれ、今もリーダーとして活動されているＫさんご夫妻は、ペレ・グレイスのイメージを作ってくれた大切な大切な存在です。

　彼らはネットワークビジネスの経験者。私たちに多くのことを教えてくれました。

　私たちの会社に初めていらした時は、様々な体験を経てもうこの業界はやめようと思われていた時だったそうですが、私たちがお話をさせていただくと、彼らの表情が変わりました。

「なんかやってみたい。こんな雰囲気でやったら楽しそうだろうな」

　そう思ってくださったと聞きます。

「あの時は、商品や会社よりも、人で選んだ。知己社長と永次副社長だったから。私たちが心を動かされるのは、商品じゃない。人なのです」

と。嬉しかったです。

起業の原点を知る数少ない会員のKさん夫妻とは、これからもずっと、一緒に成長していきたいと思っています。

トップリーダーとの出会い

現在のペレ・グレイスのトップリーダーであるSさんと出会ったのは、2010年5月のことでした。その日はメーデーで、会社の隣にある恵比寿公園からシュプレヒコールが上がっていたので、よく覚えています。

彼の第一印象を言うならば、ネットワーカーバリバリというよりは、どこにでもいそうな優しそうな男性。話を聞いてみると、彼は輝かしい実績を持つこの業界の経験者で、数カ月前にこれまで登録していた会社をやめ、現在は、70社ほどのネットワークの会社のプレゼンを受けている状況だとか。筋金入りのネットワーカーの方だっ

たのです。

　いつも通り、私と副社長で会社の理想や方針を説明すると、
「理想はわかるけれど…（現実はねぇ）」
　と思ったそうです。かもしれませんね！　彼がこれまで見てきたネットワーク業界とは180度異なる私たち、そして考えですから。
「今の時代、そのやり方は現実的ではない」
　と感じたと、のちに聞きました。

　とはいえ、その時、私たちが買い込みも禁止し、セミナーもしていないのに売上5億円（当時）を達成させていることが、Sさんの興味を引きました。
「自分のネットワークビジネスの常識がずれているのではないか」
　Sさんは、そんな思いになり、私たちの可能性にかけてくれることになったのです。

　ペレ・グレイスにSさんが加わったことは、会社にとってとても大きなことでした。その後、続けて、彼を通して素晴らしいご縁の連鎖をいただきます。彼のような方が、絶妙といえるタイミングで私たちのような弱小企業に入ってくれたことは奇跡のようでした。

セミナーも買い込みも禁止し、ハワイのスピリチュアルといったこれまで業界になかったキーワードを、経験を持った彼らが全国的に発信しながら販売をしてくださったおかげで、ペレ・グレイスの会員組織は、これまで想像もしていなかった、私たちも驚くほどのペースで拡大していきました。

物質的な豊かさから精神的な豊かさへ

さらに、彼が事業としての成功を実現させたことが、ペレ・グレイスのビジネスの可能性を決定づけてくれました。

（その少し前には、「ペレ・グレイスはお金にならない」と吹聴していた会員がいたというのも皮肉な話です）。

Sさんとともに、会社は猛スピードで成長していきました。組織が動き出すともう止めることはできません。商品説明会や社長講演会、あらゆる行事を全国で行なうようにまでなり、そのつど会場は超満員。

私たちは思いました。

（いったい何が起きているんだろう。創業時から何ひとつ変えてい

ないのに)

　ひとつだけ言えたのは、ネットワークビジネスの価値観が大きく変化したということでした。

　これまでの成功といえば、大金を稼いで、金持ちの象徴ともいえる派手な車に家…と物質的な豊かさを求めたものですが、今は違ってきていたのです。

　求めるのは、「人から喜ばれたい」「幸せになりたい」という精神的な豊かさ。

　その流れに乗って、思いも寄せて、これまで持っていた経験と人脈を活かしたからこそSさんの事業は成功し、ペレ・グレイスにも大きく貢献してくれたのでしょう。

　もしも彼との出会いが、創業直後だったらどうなっていたのかと、考えることもあります。

　あれだけ実績のあった業界経験者ですから、『そんな先のわからない会社とは組めない！』と、私たちを選んでくださらなかったかもしれません。

　そうなると今、登録されている多くの会員さんとも出会えていな

ハワイの女神ペレに導かれて
Chapter 4

かったかもしれません。

　出会いって、本当に、ミラクルな出来事の連続ですね。

　地道ながらも、実績を積み、会社がカタチとなってきた時に、彼と出会えた、この出会いのタイミングまでミラクルでした。

　Sさん、Sさんの奥様、Sさんを通して、ペレ・グレイスに入ってくださったすべての方に感謝をしています。

旅行会社時代の後輩、森田くん

　ペレ・グレイスは、社から離れたところにいる人々からも大きなサポートをいただいています。その一人が、森田隆さん。

　以前、私と副社長が働いていた旅行会社の後輩です。私たちは、いつも「森田くん」と呼んでいます。

　改めて。いつもありがとう、森田くん。

　彼は、旅行会社を退職後、都内の出版社勤務を経て、今は沖縄に居を構えています。

　森田くんとは、仕事で絡むことはない、つかず離れずの関係の飲み仲間でした。互いに旅行会社から離れ、環境が変わっても、年1

回のペースで会って近況報告をしていました。この距離が心地良かったので、仕事の話はあえてせずに、昔話に花を咲かせる、プライベートな友でした。

　夫婦でペレ・グレイスを立ち上げた報告も、サラッと、近況報告をした程度でした。

　でも彼は、当時担当していた雑誌で、無料で宣伝しましょうと言ってくれたのです。

　酒の席での話でしたが、彼の申し出がとても嬉しかったので、すぐに商品を１箱送りしました。

　数日経って、森田くんから電話が入りました。

　当時付き合っていた彼女にそのままプレゼントしたところ、大変気に入ったとのこと。

「彼女が契約したいと言っているのでよろしくお願いしま〜す」

　なんだか彼の軽い乗りがとても清々しくて、笑ってしまいました。でも正直、嬉しかったです。

　後日、来社した森田くんの彼女もまた、素敵な方でした。私たちは、商品や会社のことを彼女に一通り説明させていただき、そのま

ま食事へと流れました。その日はすっかり意気投合。森田くんと過ごすのと同じぐらい、楽しい時間でした。

　しばらく経って、また森田くんから軽い乗りで連絡が入りました。
「手伝いましょうか」
「彼女が、ペレ・グレイスを手伝えって。うるさいんですよ（笑）」
　照れたような、でも嬉しそうな口調の森田くん。相変わらずだなぁ、と私たち。

　聞いてみると、その彼女は、海外の有名ブランドのPRを担当されている才女で、ブランディングとマーケティングのエキスパートだったのです。まだブランディング化されていない当時の私たちの会社が気になったようでした。

広告宣伝やブランディングは頭になかった

　思ってもみなかったところからやってきた強力な助っ人のおかげで、それを機会に私たちは、ペレ・グレイスを一からブランディングし直すことになります。

　コーポレートロゴにカラー、そして商品の名前まで。ホームペー

ジのデザインもすべて一新。ゼロからのスタートでした。

　おかげで、その過程で改めて、ペレ・グレイスが持っている揺るぎないコンテンツの魅力を知ることができました。素人が突然始めた会社ですから、広告宣伝やブランディングなど全く頭になかったのです。

　森田くんに言われて気づいたのですが、私たちは、あえて強調せずにいたものの、

「ハワイ」

「スピリチュアル」

「商品のリピート率90％超」

　この3つは、大きな武器になる。そう確信しました。これも森田くんのおかげです。

　以降、事あるごとに森田くんは、何も見返りも求めず、私たちを応援してくれて、マーケティングに関して全くの素人だった私たちに、たくさんの情報と、知識をくれました。本格的に仕事として彼からもサポートをいただくことになりました。

　でもベースにあるのは、大切な友達。飲み仲間であるということ。

ハワイの女神ペレに導かれて
Chapter 4

この関係性をずっと保ちながら、互いに刺激を与え合える友でいたい、そして、こちらもできうる限りのサポートをしていきたいと思っています。
　ありがとう、森田くん。

ハワイのOHANA

　OHANA(オハナ)とは、ハワイ語で「家族」という意味です。日本に暮らし、家族も仲間もいっぱい日本にいる私ですが、ありがたいことにハワイにも、自分にとっての「オハナ」がいます。
　ペレ・グレイスを語るうえで、外せないパートナー、あいらんど・どりーむずの小松浩明さんと中越智美さんご夫妻です。
　出会いのきっかけはインターネットでしたが、ハワイに行くたびにお会いするようになり早10年。今では家族同然の付き合いをしています。
　中越さんには、ペレ・グレイスのハワイツアーで、通訳兼コーディネーターとして、サポートしていただいています。
　彼女たち夫婦もまた、ハワイで人と繋がる仕事をしながら、人に

3,000坪の土地に建つリトリートハウス Hale Ho'okipa（ハレ・ホオキパ）の外観。私たちのOHANAである小松夫妻がもてなす、居心地の良い宿泊施設

感謝をし、自然に敬意を表しながら、心地良く暮らしています。共通点も多く、話せば話すほど心が繋がっていくのを感じました。

　ハワイ島で二人に会うたびに、日本で暮らしていると味わえないような感動体験や、健やかに生きる知恵を学ぶこともあり、心が豊かになれるのです。

「家族が基本にある」という考えに親近感

　彼らの会社、「あいらんど・どりーむず」は、もとは、何でも屋さんだったそう。だんだんクライアントのニーズに応えていくうちに、その仕事の枠を広げ、2015年からは、コハラコーストからコナの海を見下ろす高台に建てた新築の一軒屋の自宅の一部を、リトリートハウス・Hale Ho'okipa（ハレ・ホオキパ）として開放しています。「ツアー会社はその日の仕事で終わってしまうけれど、人と深く繋がるには、食事や睡眠を同じ屋根の下でともにすること。こういう人との繋がりで、仕事をできれば」

　中越さんのそんな思いを聞いて、感心します。

　私は意外と人見知りの部分もあって、まだ慣れない人と長く一緒

にいると疲れてしまうのですが、中越さんは違うのです。どんな人とも、一緒にいられる。「（一緒にいて）疲れる人なんて、一人もいない」と言うのです。

　いつも自然体で、どんな人と会う時でも、構えることなく、いつもそのまま。

　自分にも他人にも無理しないで生きている。

　これは本当に、素晴らしいなぁ（羨ましいなぁ）と思います。

　また、夫婦で一緒に協力し合って仕事をしているという共通点や、子育てや子供に対する考え方、とりわけ人生においては「家族が基本にある」という捉え方が自分と近いことも親近感をさらに助長しました。

　ハワイ島に行き、彼らの家にお邪魔すると、もうひとつのハワイの我が家に帰ったかのような感覚になります。ご夫妻と食事をして、お酒を飲みながら、他愛のない会話をしている時は、家族と一緒にいる時のように、心が和みます。小松家の三人は私たちにとってのOHANAなのです。

どんな人とも、どんな時でも
ポノ（調和）でいられるように

大事にしているのは、相手の意見を尊重すること

　私は幼少時代から、両親に何でも褒められ、認められ、受け入れられて育ってきたので、基本的には、すべてを前向きに考えられます。意見をはっきり言うタイプではあるのですが、それを押しつけるようなことはあまりなく、人ともめるというのはまずありません。

　私が人付き合いで大事にしているのは、相手の意見を尊重すること。寛容に受け入れること。

　そのため、人との関係では、いつもポノ（調和がとれた状態）であることが多いのです。

　家族以外の人から、何か不快なこと、納得のいかないことをされたとしても、いつも

「そんなもんだよね〜」

「完璧な人間なんて、いないしね〜」

　と流せます。もちろん気になりますし、傷つきます。不快にもなりますよ。

　でも、こだわりません。

　副社長も穏やかで優しい人ですから、相手の気持ちを汲み取りな

がら、論理的に話します。私がものすごく落ち込んでしまった時は、私を諭しながらも、的確なアドバイスをくれます。

私たちは二人でひとつ。本当にバランスがとれているのです。

自信を失う衝撃的な出来事

今でこそ、このように心も会社も平和ですが、会社を作ったばかりの頃は、今ではありえないような厚かましい人や、毒舌な人との出会いも多くあったことも事実です。そのたびに、私の心は疲弊して、

「やっぱり無理…」

と、よく副社長に弱音を吐いていたものです。

あの時期は、自分で自分にダメ出しをする、弱気人間そのものでした。

きっかけとなったのは、ある日、いやいやな感じで、誰かに連れられて会社にやってきた懐疑心固まりの女性の一言でした。

その女性の前に座り、私と副社長が商品の説明などをしていた時のことです。

彼女は最初から、断ること、否定することを前提に私たちの話を聞いているようにも見えました。私が一通り話し終えると、面と向かってこう言ったのです。
「でも社長。首のあたり、シワシワじゃないですか」
　一瞬、私は言葉に詰まりました。なんと繕ったのかよく覚えていませんが、彼女が帰った瞬間、バックオフィスに戻って大泣きしたことはしっかり覚えています。

　これまで面と向かってそんなことを人から言われたことなど一度もなかったので、これは衝撃的な出来事でした。
　正直、怖かったです。
（この業界、やっぱりこういう人が多いのかな…）
　そんな不安が強くなり、社長を続けることはもちろん、この業界で働くことに自信を失っていくきっかけとなったのです。
（もう辞めたい。辞める）
　泣き言を副社長に言うと、彼は、
「じゃ、辞めればいいよ」

ハワイの女神ペレに導かれて
Chapter 4

と言ってくる。彼はいつも冷静で、シンプルなのです。

でも、そう言われると

「辞めるわけないじゃん」

と、応える私…。

これまでやってきた社長業に愛着はありましたし、長女タイプですから責任感もあり、一度始めたことを途中で投げ出したくありませんでした。

（辞めるつもりはないけれど、やっぱり、私には無理。私が社長などおこがましい）

そんな思いが強くなり、しばらくは対人恐怖症になっていました。会社に肌がキレイな人が来るとさらに自信をなくしていって、

（あの人が、社長になればいいのに）

と、やけくそに思ったこともありました。子供みたいですね。でもその時は本当に、心がゆがんでいたのです。

こんな状態でいたら、いいことはありません。

ネットワークの経験者が会社に訪問してくると、社長である自分は、すっと奥に隠れていました。

そのままの自分でいればいい

　そんな時、副社長が一言、
「そのままでいいんじゃないかな」
と言ってくれたことがありました。
　母も、相変わらず、
「いいのよ〜、知ちゃんはそのままで」
と言ってくれます。母はいつだって私の味方なのです。
（そうだ。私は無理していたのかもしれない…）
　冷静になって考えれば、私は何に怯え、何を恐れていたのでしょうか。
　もしかしたら、一番怖かったのは、いつまで経っても自信が持てない自分自身だったのかもしれません。
　あの毒舌女子は、私の首のシワでなく、自信がなさそうな私自身に何か言いたかったのかもしれません。
　いずれにせよ私は、その指摘のおかげで、首にも毎回しっかりと美容液を塗布するようになりましたし、枕の形状にも気を配るなど、ネックケアへの意識が高くなりました。

ありのままの自分を受け入れる

　たとえ嫌だな、と感じることを言われても、気づきがあり、それによって自分が成長できるという出来事もあります。

　ある時、社長講演会で、私はこの体験談を話しました。今となっては笑いネタですから、すべての出来事に感謝することの大切さの具体例のひとつとして、その話をしました。すると、会場にはその時の女性がいて、

「それを言ったのは私なんです。本当にごめんなさい」

　と、不意に声をかけられたのです。

　彼女はその後、会員になり、ペレ・グレイスの超ヘビーユーザーになっていました（笑）。

　その人だとは思わず、大変驚きましたが、これはもう笑い飛ばすしかない。彼女はこのエピソードを私が講演会で話すたびに、いつか声をかけようと思っていたそうです。

　一見嫌だなと感じる出来事は、何か自分に必要な気づきを運ぶ役割であったりするのです。

ハワイの駆け込み寺といわれるプウホヌア・オ・ホナウナウ国立歴史公園。かつての王家の土地。カプ（タブー）を破った人の「逃れの地」でもあった

　これも、アカが生前言っていた、
「ネガティブな出会いにも感謝する」
と同じ意味なのだと思います。

　以降、私は、自分を良く見せようとか、理想を追い求め過ぎて、自分自身を見失うような感覚は持たなくなりました。ありのままの自分を、受け入れています。

体の悲鳴

　経営とは関係ないのですが、こんなエピソードを思い出しました。
　立ち上げた年から、私の体は不調が続いていました。ストレスからだと思いますが、子宮筋腫が肥大化し、「筋腫分娩」という婦人科系疾患にかかってしまったのです。
　2012年5月のハワイ研修の最終日のことでした。
　帰国日に、尋常ではない出血と腹痛に襲われました。急遽現地のスーパーで購入したアメリカ仕様の生理用パットも間に合わないほどの大量の出血が続き、貧血もひどくなりました。とはいえツアー

の途中です。なんとか、すべての行程を終えて、腰を曲げた苦しい姿勢で、飛行機に乗りこみ、七転八倒しながら9時間程度のフライトを終えました。

　成田空港に到着するや否や、すぐに近隣の病院に駆け込み、応急処置を施した翌日、埼玉県内のその病の治療の権威がいる病院に行き、開腹せずに処置をするという手術を受けました。その半年後には、子宮を全摘しました。

　これまでずっと45年以上も人生をともに過ごしてきた子宮という臓器を失って初めて、私はこの10年の間にずいぶんと体と心に負担をかけてしまっていたということを知りました。

　(無理してきたんだな。想像以上の負荷をかけていたんだな…)

　女性の場合、精神的なストレスは、卵巣や子宮などに出やすいと聞いたことがあります。

　ストレスがなかったようで、何も考えていないようで、私は、実際に色々と悩み、体に負担をかけていたのかもしれません。なんだか体に謝りたい気分でした。

処置をしてくれた私の担当医は、「今後のためにも、子宮と一緒に、卵巣もとったほうがいい」と提案をしてきました。

　すでに出産も済ませており、卵巣の役目は果たしたと感じていた私は、先生の提案に同調し、

　（たしかに、卵巣と子宮をまとめてとったほうが、今後の女性特有の病気に悩まされることはないし。あんなに大変な思いもしなくてすむし）

　と考えていました。

　でもどこかで、しっくりこなかったのです。

　以前に、親しくしている先生から、「人間の体には不要な臓器など、ない」と聞いていたこともあり、もともと生まれた時からあるものを、人工的に失くすというのは、自然な考えとはかけ離れたもののようにも思えたからです。

　（でも、今後もこういったリスクに悩まされることを考えると、とってしまったほうが賢明という気もするし…）

　院内の待合スペースで、会計の順番を待っている間に、付き添っ

ハワイの女神ペレに導かれて
Chapter 4

てくれた主人と、

「卵巣をとろうか、とるまいか」

と、堂々巡りの会話をしていた、その時です。

隣に座っていた70代と思しき女性から、突然話しかけられました。

「ごめんなさいね。聞くつもりはなかったけれど、耳に入ってしまったので…」

前置きしたうえで、その彼女は、

「老婆心ながら言わせていただくと、卵巣は残したほうがいいものですよ。私は卵巣をとってからホルモンのバランスがものすごく崩れ、そこからずっと、不調に悩まされて大変だったの」

と、自らの体験談を見ず知らずの私に話しながら、どんなことがあっても、卵巣は残したほうがいい、と助言してくださったのです。

ハイヤーセルフからのメッセージ

私は素直にそのアドバイスを聞きながら、

「これはハイヤーセルフ（高次元の自分自身）からの声に違いない。彼女の存在を借りて、きっと私の高次のエネルギーが自分に、そう

自然に感謝を捧げる瞑想をアカと行った後、ふと空を見上げると大きな虹がかかっていた。これは自然からの返事なのだという

伝えているのだ」

と確信しました。そう信じることで、「卵巣は残す」という結論を出しました。

今も、ともに生活している臓器ですが、あれから、これといった問題もなく、平和に過ごしています。

体をもっと大切にしていかねば、と思うようになり、摂生した生活を心がけ、今も健康。大きな病気もしていません。体と心の調和、ポノを改めて見直すようになりました。

あの時の、一度切りの出会いの高齢女性からの声。

あれを、自分にとっての大切なメッセージだと、ありがたくキャッチできました。

私の人生は、いつも必要な時に、必要なことが、必要なタイミングで起きると信じています。

それにいつも感謝をしているからこそ、人生の車輪がうまく進む、と、前向きに受け止めています。

これこそが私の生き方です。

ハワイの女神ペレに導かれて
Chapter 4

ネットワークで成功する人の3カ条

これまで多くの会員さんと接してきて見えてきたもの。

ネットワークビジネスで成功する人の共通項3つを紹介します！

①人が好き
初対面の人とも自然と話ができる余裕がある。そしてそれが好きである

②情報に敏感
常にアンテナを張って、新しい情報を意識的に集める努力をしている。合わせて柔軟な思考を持っている

③心が健康
とにかく元気。朝から夜まで活動しても体も心もストレスにならない。人と会うことで疲れない

この「ネットワークで成功する人の3カ条」が全部当てはまる人は、おそらく、どんな環境でも人と一緒に人生を楽しめる力を備えている人だと思います。

中でも、③はとくに大事です。

心が健康であることは、基本中の基本です。活動中に心身の調子を崩していく人を見受けることも時々あるのですが、本当に残念に思います。自分の今持っているキャパシティ（これは能力だけでなく、時間や金銭的なものなどすべて含めて）以上のことをすると、「もうやめて」と体はサインのようなものを出すのかもしれませんね。

自然の中で生かされている人間は、自然とともに、自然の流れで共生しています。だからこそ、自然のリズムや調和を崩すようなことをするのは危険なのです。大好きなハワイ島に行くと思います。本当に人間の力なんて、ちっぽけだなあ、と。

さらに、ネットワークビジネスで成功している人のほとんどが、愛する人を守り、守られ、人に感謝し、出会いを大切にしています。

ペレ・グレイスの裏理念は、「夫婦円満」。

仲良く夫婦で登録し、活動されている方もいます。微笑まし限りです。私も副社長を、もっともっと大切にしていこうと思っています（笑）。

ネットワークビジネスによる販売方法だったからこそ多くの人に支持された美容液「MAHINA（マヒナ）」

成績優秀者を連れてのハワイ研修旅行。大切な仲間と一緒に行きたい、と会員のモチベーションも上がる

Chapter 5

出会いと別れ、そしてこれから

アカを偲んで

突然の旅立ち

　2014年8月、副社長とランチをしようと恵比寿の駅ビルに入った時のことです。突然LINEでメッセージが入りました。いつもと同じように、スマホの画面を操作して、メッセージに目をやったその瞬間、衝撃が走りました。

　それは、アカが亡くなったという連絡でした。

　送信元は、アカの通訳をいつもしてくれるコーディネーターの中越さん。でも彼女もその時点で詳細はわからないようでした。

　後日聞いたところ、旅先のヨーロッパで亡くなったということでした。詳しい死因はわかりませんが、夕食後に、眠るように亡くなったと伝え聞きました。また、彼女の家系の伝統ゆえなのか、正確なお墓の場所というのは、長男しか知ることができない、ということでした。

　3ヶ月前に、ハワイ島研修旅行で会った時のアカの姿を思い出しました。ブラックサンドビーチで、彼女に禊をしてもらいました。風が強い日でした。80名の参加者たちは、アカと一緒に、心まで開放されていたようで、皆がとても笑顔。充実の時間を過ごすことが

ハワイの土地に敬意を表しながら会員らと訪問する研修旅行はペレ・グレイスにとって大切な年中行事

できて、本当に嬉しかったのです。

（やっぱり、アカの存在感はすごいなぁ。アカとはきっとこうしてずっとペレ・グレイスのオハナとして、お世話になるんだろうなぁ。ありがたいなぁ）

と、ぼんやり思っていただけに、彼女の死は突然のことすぎて、事実として受け止めるのに時間がかかりました。

アカとの別れで悟ったこと

悲しくも彼女と会う最後となった3ヶ月前のその日は、ペレ・グレイス設立10周年を2年後に控えていたということもあり、アカからのビデオメッセージを作るという目的で、ハワイ島で撮影をしていました。

まさかこの時に撮った映像がのちに、彼女の「お別れのメッセージ」として使用されるとは、その時、そこにいた関係者の誰が想像したでしょうか…。

その日のアカはいつもと変わらず、ビデオに向かって陽気に手をふり、「まったね〜」なんて、日本語をも交えながらメッセージを

くれたのです。

　その撮影後、副社長が、体が張ってしまったのか、首と肩をぐるぐると回しながら体を伸ばしていた時、アカが近づいてきて
「アーユーオッケー？　サットサーン？」
　と、ふくよかな腕と手を使って、彼にマッサージを施してくれたのです。
　短い時間でしたが、彼の体はあっという間に楽になったようで、とてもすっきりとした表情をしていました。副社長と二人で、
「いつもありがとう！　アカ」
　と、いつものように感謝を伝え、笑顔でハグをして別れました。
　それがアカとした最後の会話となってしまいました。
　アカと別れていったんホテルの客室に戻り、ランチに行こうとホテルのロビーを通った時、彼女がホテル内のロビーでランチをしているのが見えました。親戚の方と一緒のようでしたから、私たちは彼女に声をかけませんでした。
　かけようかな、とも思ったのですが、楽しそうに話していたアカを見て、(また、すぐに会えるし)と、そのまま通り過ぎたのです。

最後にアカの姿を見たホテル（コートヤード・キングカメハメハズ・コナビーチホテル）のロビー。ロコにも人気のカイルア・コナにあるホテル

そんな思いでアカを見たことがなかったので、その時のことは強く、記憶しています。

　今は、あの時声をかけておけばよかったと後悔しています。いつでも会える、と思っていても、どんな人との間にも、突然の別れが起こり得るということを、私は、アカと別れて悟りました。

　だからこそ、どんな人と会う時も、気持ち良く、その日その日を大切に、会えたことに感謝しながら別れようと、これまで以上に思うようになりました。

　後になって、あいらんど・どりーむずの小松浩明さんが、
「永次さんをマッサージしていたあの日あの時のアカの表情はすごかったよね」
と言いました。
　やはり、彼女には特殊な能力があったと思います。
　私たちが見えないものと繋がり、そのメッセージを伝える役割を与えられてこの世界に、まるで旅でもするようにやってきて、そして、お務めを終えて、早々にもといた場所へ還っていったかのよう

ハワイの女神ペレに導かれて Chapter 5

に私には思えました。

　500年以上続くカフナ一家の一人として、ハワイ島の聖地、自然を守り50年余生きてきたアカ・イオラニ・プレさん。

　ありがとうという気持ちとともに、ご冥福をお祈りします。

自然に感謝しながら本能のまま生きた人

　彼女がいたおかげで、ここまで来られたペレ・グレイスです。彼女の言葉でどれだけ救われたことか…。アカとのことが思い出されます。

　会社を立ち上げて3年経った夏、仕事もプライベートもぐちゃぐちゃに悩んでいた頃、彼女に会いに、ホノルルから日帰りで、ハワイ島にいるアカを訪れたことがありました。

　3〜4時間ぐらい、ずっとケアラケクア湾近くの木陰で私たちは話をしました。悩みをひとつひとつ聞いて、絡んだ糸を紐解くように、頷きながら全部認め、受け止めて、聞いてくれたアカは、最後に、私を包み込むように、しっかりとハグしてくれました。そして力強くこう言ったのです。

アカが眠っているといわれるケアラケクア湾州立歴史公園エリア。キャプテン・クックがハワイ島に上陸した歴史ある場所

「大丈夫だよ。知己、何も心配することはないからね」

　あの時の彼女の言葉によって、どれだけ救われたことか…。まさかその7年後に、その土地に彼女が眠るなんて…。今考えても、涙が出てしまいます。

　アカは、どんな時も自然体でした。嫉妬とか、そんな俗っぽい考えもなく、悪くいえばルーズなところもありましたが（4時間も待たされたこともあります…）、いつも自分自身に正直で、ピュアで、子供みたいに無邪気な顔も持つ、キュートな女性でした。

　多くの人から愛された人で、歩いていると遠くからロコが声をかけてくる。そのつど彼女は、ガッハッハと大きな声で、笑いながら立ち話をする。常に自然の音に耳を澄ませ、風と植物と会話をし、ハワイの自然に生かされていることに感謝しながら、本能のまま、その瞬間を生きている人でした。

　いつだったか、中越さんに、
「日本人は、先のことばかり考えている。その瞬間を生きることが、下手」

ハワイの女神ペレに導かれて
Chapter 5

と言ったことがあったそうです。さらに、

「日本人は、玉ねぎみたい。一枚、一枚と剥いでいかなければ、その本質が出ないから」

本当はいいものを持っていてもうまく出さず、今を生きていないと、指摘していたということを聞きました。アカは日本が大好きだった人ですから、もどかしく感じていたのかもしれません。

天国からのメッセージ

どちらかというと、周囲の人から嫌われないようにと、自分を抑えて生きてきた私。我慢しているわけではないのですが、人に合わせて生きるほうが楽で、その瞬間を楽しみたいと思っても、社会の目を気にすることも多いのです。でもアカみたいに、自分に常に正直に生きられたらなぁ。あれほどまでに自然を愛していたのだから、風も植物も虹も太陽もすべての自然が、彼女に味方してくれていたに違いありません。

彼女の人生は普通よりはずっと短かったけれど、密度の濃い、最高の人生だったのだろうと思います。その瞬間を生きてきたから、

この世界に未練もないはずです。もうこちらの世界になど見向きもせずに、新しい世界で新たな一歩を踏み出しているに違いありません。と思ったら、最近、中越さんから、

「知人の有名なヒーラーの方が、『今でもペレ・グレイスを天国から手伝っていきたい』と、メッセージを送られてきたそうです」

と聞き、とても驚きました。

アカを通して、ペレと繋がり、ペレに愛された、私たちの会社「ペレ・グレイス」。

これからも、大切にしていかなければなりません。

先の話ですが、いつか私もあちらの世界に行った折には、アカに堂々と「おかげさまでね」と笑顔で会社の報告ができるように。

余談ですが、彼女が亡くなった2014年の8月、日本では桜島の昭和火口で爆発的な噴火が発生しました。噴煙の高さは3,000メートルにまで達しました。その噴火の映像が記憶に新しい方もいらっしゃるでしょう。火砕流も約1kmにわたって観測されました。アカの死と、日本の火山の噴火。それが同じ時期に起きたのです。

アカも火の女神「ペレ」と何か関係があったのかもしれない。火山の噴火で、日本に何かを伝えたのかもしれない…と考えることもあります。

日本が大好きだったアカ

アカは、ハワイだけでなく、日本においても人気の人でしたから、日本で開催されるセミナーの講師として、招待されることも多くあったようです。

彼女が来日した時は、食事や観光をご一緒したり、ハワイだけでなく日本でもアカに会うようにしました。彼女は日本にいる時でも、ハワイのコナにいる時と同じように、自然に敏感で、樹齢何百年の木々を見つけては、抱きついたり、話しかけていました。

彼女の希望で、伊勢神宮に一緒に行ったこともありました。天照大神が祀られている伊勢神宮の参拝をアカが希望したのは、天照大神とペレは同じ太陽神で、姉妹関係にあるという理由からでした。

アカと一緒に参拝をしていると、目の前にある木々や、植物など自然の万物がとても愛おしいものに思えて、心の底から感謝できま

伊勢神宮でもハワイにいる時と同じように、自然との対話を楽しんでいたアカ

した。アカは、自分の年よりも明らかに長くこの地に生きる木々たちに敬意を示し、会話をしているかのように、とても丁寧に一歩一歩境内を進み、歩いていました。いつ用意したのか、手作りのレイを捧げ、祝詞をあげて、祈りを捧げていました。

　日本が、大好きな人でした。

　京都に行った時は、初めて歩いた場所でも、慣れた足取りで
「私は京都に住んでいたことがあるの。ここは森だったけれど今は街。そうそう、この先には、龍がいるはず」

　と、通訳の中越さんに言ったことがあったそうです（過去生のことでしょうか？）。実際に、その先には本当に龍が飾られていたお寺があったとか。

　中越さんとは、アカ亡き後に、彼女のエピソードを話しました。私たちは、アカの近くで、人生を学べた朋友です。中越さんは言います。

「通訳をしながら、自分にとって必要なメッセージを受け取ることもありました。アカがある時、日本人女性の方に向けて言っていた

のは、『目に見えないものを一生懸命感じようと意識しすぎ。目に見えるもので、目に見えないものを感じなさい』。たとえば、風を感じたいなら、揺れる葉っぱで感じるように、とね。これ、私の心にはストンと落ちました」

　アカが遺した言葉を大切に、彼女の思いを継いで、発信していきたいと思います。

アカが遺してくれた言葉

　アカが亡くなる前に、私たちに向けて遺してくれた言葉をまとめます。ハワイが好きで、ハワイ島の自然や、キラウエアに行ったことがある方、行く予定のある方など…、ぜひこのメッセージを通して、ハワイの女神、ペレに興味を持っていただけたらと思います。

「私たちは、ペレを火山の神であると信じていると同時に、火の神としても知っています。彼女はこの地を、生きる場所を、我々に与えました。あなた方が暮らす日本にある火山も同様です。
　溶岩はすべての起源であり、人類の祖先でもあります。彼らは私

最後となってしまったアカとの記念写真。会社のためのビデオ撮影の最後に撮影。ハワイ島のコートヤード・キングカメハメハズ・コナビーチホテルにて

たちが生きるための教訓を、基盤を与えてくれました。だから、ハワイでペレを敬う時は、ペレをすべての根源となるものとして、讃えています。彼女は地球を作るために、水と空気を混ぜあわせました。そうして私たちが母と呼ぶ、地球ができたのです。ペレは私たちの命を支える手助けをしています。よくペレの恩恵とは何か、と聞かれるのですが、それは、生きていること、そのものなのです。食べることや、歩くこと、生きるために必要なことそのすべての根源こそが、ペレの恩恵なのです。ペレを信じる日本の皆さん。彼女の恩恵をもっと理解してください。ペレ、そして彼女が創造した自然に感謝をし、ともに生きることが大切です。今、私たちは一緒です」

アカを偲ぶ旅

アカの葬儀は9月にハワイ島のケアラケクアで行われました。

その日は私も副社長もどうしてもずらせない仕事があり、参列することができなかったので、翌年の1月、副社長とハワイ島を訪問しました。アカを偲ぶ旅です。

めったに泊まらないヒロを拠点に、ヒロに3泊、コナに2泊しまし

た。ヒロのほうがキラウエア火山に近いため、ペレとともにアカを偲びたいという思いからでした。丸一日かけてクレーターの中を歩きました。アカの思い出を語り合いながら歩きました。

　9年前、初めてここに来た時は、目に見えないペレに繋がるために、アカの力を借りました。でも今は、アカがいません。アカに繋がるために、今度はペレの力を借ります。
　サウス・ポイントからグリーン・サンド・ビーチまでも歩きました。
　ハワイ島のここまで来ているのに、いつものようにアカに会えない現実が悲しく、まだ彼女の死を受け入れられないでいました。風と波の音を聞きながらただ歩いていると、木陰からアカが「ワっ!」と笑顔で出てくるような気もしたし、その一方で、彼女は遠いところに行っているような気もしました。
　彼女を偲ぶ5泊の弔いの旅は、ただハワイ島に身を置いただけで、特別なことはしませんでしたが、私たちがこれからもアカを忘れず、心の中でアカとともに生きていく、という思いが彼女に届いたと信じています。

父を偲んで

思い出す、父の姿

　私の大好きだった父は、2012年4月23日に癌で亡くなりました。72歳でした。職場だった大学を離れても、学生たちと多くの時間を過ごしていました。家族だけでなく、学生からも愛し、愛された一生だったと思います。剣道教士8段の資格保持者で、大学の剣道部の監督、部長、師範と50年ほど務め、竹刀とともに輝いた人生でした。

　東京・港区の増上寺で営まれた葬儀には、ゴールデンウィークにさしかかるような日だったのにもかかわらず、全国から1,200名の卒業生や関係者が参列され、屋外に設置された大型スクリーンでは、在りし日の父の勇姿を映像で流し、『引退していたのに、ここまで大掛かりなものになるとは』と家族が一番驚いたほど、盛大なものでした。参列された多くの方々が、皆肩を震わせて泣いているのを見て、胸がつまる思いでした。

　「僕たちは、本当に可愛がってもらいました」と言いながら、私たち家族に温かい言葉をかけて下さったのです。

　その姿を見た時、『人が財産』と言った父の言葉の意味が、心からわかった気がしました。父のおかげで、今でも私たちは、父が愛

ハワイの女神ペレに導かれて
Chapter 5

した卒業生の方たちに可愛がっていただいています。

　父と別れてもう3年以上経ちますが、今も母や妹たちと父の話ばかりしています。母に至っては、父が元気な頃は、よく喧嘩もしていたものですが、今となっては、父の良いところしか思い出せないようで、「お父さんみたいな人はいないわよね…。あんなに純粋で愛情いっぱいの人はいないわよね」と話しています。

　私たちも姉妹も、皆が集まれば、父を褒めることばかり。

　そんな私たちを天国から見ている父は、

「オイオイみんな！　俺の生きている時に褒めてくれよな〜」

　と、笑っているかもしれませんね。いつも学生や家族が喜ぶことが大好きで、それを貫いた一生でした。晩年、病床にあっても、私たち家族がゴルフや温泉に行くことを我がことのように喜び、スタート前に「天気はどうだ？」「調子はどうだ？」と聞いてきたほどです。とにかく周りの人が楽しむことが大好きで、それを一緒に喜べる人でした。口数はそれほど多くはなかったけれど、とにかく笑顔がとても似合う人でした。

　私にたくさんの道標を遺してくれた父に、心から感謝しています。

亡き父と一緒にキラウエア火山を訪問。「永次と知己の会社なんだ。うまくいくに決まってる」と言い続けてくれた

　ペレ・グレイスが今あるのも、今、私が会社の代表として、前向きな発想で、笑顔で過ごせるのも、主人である副社長と支え合い、自信を持って会社を運営できるのも全部、父と、そして父を支え続けていた母がいたからです。

　家族の愛は本当に大きな力となって、人生を豊かなものにしてくれますね。亡くなってからいろんなことが伝えられない寂しさを感じています。父ともう一度飲みたい。父とまたハワイ島で一緒にゴルフがしたい。家族全員揃って美味しい食事とお酒とともに、朝になるまで語りたいです。父のいろんな姿を思い出します。

生きている間に、すべきこと

　生きている間に、言葉を交わせる間に、大事な人とは、照れくさくても感謝の思いを伝えることは、とても大切なことだと、父を失って改めて強く思うようになりました。

　この本を手にとってくださっている方にも、大切なご家族がいらっしゃると思います。勇気を出して、いつも「ありがとう」を言って、たとえいつどんなカタチで別れても、故人を思い出す時に後悔の念

ハワイの女神ペレに導かれて
Chapter 5

で心を痛めることのないように、日々を大切に過ごしていただきたいと思います。

　私もそう心がけています。だからこそ、どんな人との出会いも、大切にしています。同じ時代、同じ世界に生まれ、同じ時を過ごし、同じ目標に向かえる人との出会いは、とても貴重だからです。互いが出会えたことだけでなく、ここに存在することにも感謝です。

　遺伝子レベルから見ると、生命の誕生というのは奇跡の連続なのだそうです。ましてや人間として生まれてきた私たちというのは、本当に奇跡的で驚異的なことなのだとか。生まれてきたことだけでも、「強運の持ち主」なのだと、聞いたことがあります。

　そんな奇跡とともにこの世に生まれてきたのだとしたら、その人生を大いに楽しまなければ。生まれてきたことの奇跡に感謝して、強運を信じて、楽しいことも苦しいことも全部受け入れて、進んでいくしかありません。

　その思いを、これからの活動を通して、自分の生きる姿で伝えていきたいと思っています。そしてそれがきっと、父の供養に繋がると今信じています。

アラモアナビーチから見るダイヤモンドヘッド。見る場所や天候により、様々な表情を見せてくれる

この環境にいたからこそ辿り着けた境地

「ペレ・グレイス」があったからこそ、佐藤知己の人生、豊かに成長できたと思います。

人は誰かから求められ、必要とされ、誰かのために生きていくと強くなります。信頼できる人と繋がることで、さらに力強くなると思います。ネットワークビジネスのいいところはそんなところです。人を信じられること。人を愛すること。人とサポートし合い、互いの人生を一緒に成長させられること。

社長という立場でこの10年間、会員さん一人ひとりが金銭面だけでなく、人生そのものが豊かになりキラキラと輝き変化していくのを見てきた私は、もしかしたら、誰よりも幸せだったかもしれません。これからもこの仕事を通して、さらに自分の人生を高めていきます。まだまだ未熟なところがいっぱいありますが、亡き父やアカからの教えを活かして歩いていくつもりです。

この仕事を通してさらに本当の意味での人生の豊かさ、というものを一人でも多くの人に感じてもらいたいと思っています。

それこそが私の願いです。

ハワイの女神ペレに導かれて
Chapter 5

社長×副社長 特別対談

起業するために大切なこと。
夫婦で仕事をすることについて。
夫婦円満の秘訣…。
今だから話せるとっておきの話。

佐藤永次／副社長

「トラブルが起きても最終的にはいい方向にいくという確固たる思いがある。だからいろんなことが起きても逃げずに正面からぶつかっていける」

佐藤知己／社長

「チャンスだと気づける人とそうでない人の違いは、本気度の違い。『なぜやりたいのか』を真剣に考えて向き合っている人は、運とタイミングに恵まれると思います」

「とりあえず起業したい」は一番うまくいかないパターン

—— これから起業したい人に何かアドバイスをするとしたら、どんなことがありますか?

副社長 僕たちはありがたいことに、ご縁があって起業をしたけれど、ひとつの企業にずっと居続けてカタチを残す、というのも生き方として格好良いと思う。独立して起業すること＝最高というわけでもないし、幸せは人それぞれ違うわけだし。結局は、どうして起業したいのかというのを自分自身にしっかりと問うて、それを理解することが一番重要だと思うんだよね。特別な能力や経験があればそれに越したことないけど、それ以上に強い思いや志が重要だと思う。だから、誰にでも、いくつになってもその思いや志さえあれば、チャンスはあるはず。

社長 そうね。漠然と何をしていいかわからない時は、やってもうまくいかないでしょうね。『なぜ（それを）やりたいのか』が大事。

副社長 そういう失敗例いくつも見てきたしね。とりあえず起業したいという思いで始めるのが、一番うまくいかない人の典型的なパターンのような気がする。

—— 起業のタイミングというのはあるものなんでしょうか。

副社長 何か自然なタイミングって訪れてくると思う。その時それを本気で思っていれば、それを『チャンスが来た』と感じることができるけれど、たとえば中途半端な気持ちだったら、たぶんスルーしちゃう。

社長 チャンスだと気づける人とそうでない人というのは、意識の違い。本気度の違い。『なぜやりたいのか』を真剣に考えて向き合っている人は、運とタイミングに恵まれるんですよ。

副社長 人とたくさん会うことも大事だよね。

社長 そうそう。運もチャンスも情報も全部人が運んでくれるといわれるように、出会いの数が多いほど、チャンスにも恵まれる。どんどん人に会うって大切かもね。運も幸せも人との出会いによって変わってくるし。

—— 出不精はダメ？

副社長 私は出不精です（笑）。でも自分としてはできるだけ克服する目的で、誘いは必ず受けるという意識でいます。

社長 私も基本めんどくさがり屋。でもいろんな人と出会って、興味を広げるようにしています。これは挑戦。体を動かすこともそうだし、趣味も。好奇心旺盛になって、とりあえずなんでもやってみる！

物事を型にはめて考えず
ダメならすぐに軌道修正する

副社長 今は便利な時代ですから、主婦でも、家にいても情報はたくさん取れるし、色々な可能性もある。

社長 そうね。今は本当に真剣に起業しようと思えば、主婦であっても、それを実現するために必要な環境は揃っていますね。

副社長 でも振り返れば僕たちもずいぶん、起業して「情報」に敏感に、貪欲になったよね。人前で話すことが増えたから、本を読む量もむちゃくちゃ増えたし。メルマガの原稿執筆を通して、前より文章力もついたんじゃないかなぁ。

—— 週1配信のメルマガ「今週の一言」の反響も良いようですね。

副社長 出会った方から、「『今週の一言』、毎週楽しみにしていますよ」と言われると、それが力になるんです。

社長 私も苦手なことにトライしていますよ〜。話すのが苦手だったので、「話し方教室」とかにも通ったこともあったしなぁ。月に1回発行の会報誌での社長メッセージを書くのもちょっと大変だけど私も副社長と同じで、地方に行った時などに、会員さんから「楽しみにしていますよ」なんて言っていただけると、とっても嬉しいのよね。

副社長 結構いい話書いてるからどんどん評価されて、ますます自分自身でハードル上げてるんじゃない（笑）。

社長 そうなの、そうなの。自分に対する戒めで書いていて、「私もそうありたい」みたいにまとめちゃっているんだけどね（笑）。心動かされる本を読んでそこから、お客様の参考になるような話を探したり。目的意識を持って選

んで、本を読んでいるかも。

副社長 もともと行動力あるしね。同じ職場にいたサラリーマンの時代にも見ていたけど、当時からリーダーシップ発揮していたし。

社長 開拓心はあるかもしれない。そういえば専業主婦であなたが転勤族だった時代。娘の友達作らなくちゃと、引っ越したばかりだったけど、外に積極的に出て、近所のお子さんや親御さんの特徴を書いてメモをして、すごく早く覚えたこともあったなぁ。

副社長 人見知りっていうけど、そうでもないよね。

社長 そうかなぁ。とにかく娘に早く友達を作ってあげたい、という思いが強かったから。

—— **会員さんにも積極的に声をかけている姿を見ます。**

社長 全国の会員の皆さんと話をした時は、話した内容や、心に残ったことをメモしますね。あまりに多くの人と会いますから、忘れることもあるんです。

副社長 それは重要だよね。次に会った時に会話が弾むし、より良いコミュニケーションがとれるよね。

—— **起業に向いている人とはどんな人なんでしょうか？**

社長 型にはめて物事を考える人に起業は向かないんじゃないかなぁと私は思います。「あたって砕けろ」といった思いがないと、続けていくのはきついかも。ダメな時も、すぐに軌道修正できるパワーが必要。

副社長 会社をやるってことは、『決断の連続』だものね。

会社にあるストーリーの中で商品やサービスが流れていく

社長 でも何事もやってみなければわからない。私は今やりたいと思ったことはとにかくやってみようと思っているけれど、自分に向いてなかったらすぐやめることも大事。娘にも「やってみなければわからないじゃない」とよく言っています。

副社長 起業した後も「なぜやっているのか」を常に自分に問うていないと、ぶれてくる。会社経営って、実際は思い通りにいくことはそう多くないから。

軸をしっかり持ったうえで、臨機応変に変えて、柔軟な対応をしていくことが重要じゃないかな。

社長 思い通りにいかないことって、多いのよね。

副社長 そういうことも楽しんでいかないとね。

社長 そうよね。それをも楽しめる人のほうがいい。思い通りにいきすぎちゃうと感謝も忘れちゃうし、成長も止まっちゃうんじゃないかな。

副社長 僕たちは今、起きることはすべてプラスになるといった境地にいるからね。トラブルが起きても最終的にはいい方向にいくという確固たる思いがある。だからいろんなことが起きても逃げずに正面からぶつかっていける。

社長 最終的にはいい結果になるのよね。

副社長 そういう気持ちがあれば何があっても大丈夫。

—— **自信や勇気が持てない場合は?**

副社長 慎重にいくことも大事です。慎重に考えたうえで、時として大胆にやることも、次のステップを踏むうえで必要。あくまでも自分のできる範囲内でだけど。でもやっぱり、はっきりとした目的や明確な理念がないと、難しい。ここに尽きますね。

社長 なぜやるのか、って本当に大事なんだね。

副社長 企業理念もね。理念というものがこれほどまでに大事だとは、サラリーマン時代はわからなかった。でも会社を起こしてから、社員を束ねて、会社の方向性を示す時に、明確なものがなければ組織はぶれていくと悟りました。

—— **企業理念は起業の準備段階から持っていたほうがいいんですか?**

副社長 それが理想でしょうね。でも僕らはそれに気づかなかった。理念は後づけみたいに考えていた。

社長 でもそういう時にペレからのメッセージとして素敵な言葉をいただいたのよね。それを会社の理念とした。

副社長 それはラッキーだったよね。会社にはきちんとストーリーがあり、その中で商品やサービスが流れていくべきものだから。

社長 私たちの企業理念としている『愛、情熱、感謝、潤い』はペレからのメッセージ。私たちがこれから活動していくうえで必要な、これこそまさに理念そのもの。

成功には思いを共有できるパートナーの存在が不可欠

―― 裏理念は「夫婦円満」ですよね?

社長 それ、私が言い出しました(笑)。

副社長 でもこれは「裏」と言いながらもとても重要だよ。うちは夫婦で経営しているから、もしも僕たちがぶつかってばかりいたら業績にも直結するからね。

社長 そうそう、家庭円満は大切!社長の私が言うのもなんだけど、私は家庭がベースにある。家族が何よりも大事。家庭に笑顔があると心が穏やかでいられるし、パワーももらえる。そのパワーはまさに仕事に対するモチベーション。

副社長 夫婦にはいろんなカタチがあるから、本人同士が納得して、お互いに楽しく生活できればいいんだよね。

社長 私もそう思う。

―― 改めて。夫婦円満の秘訣は?

社長 なんでしょうねぇ。月並みですが、『相手を認めること』『感謝すること』、時に『補うこと』かなぁ。

副社長 共通の趣味を持つこともいいよね。

社長 美味しいものを食べること、飲むこと。ゴルフをすること。

副社長 ハワイ好きなところもね。

社長 あと、私、喧嘩をしても、数時間で解決するようにと自分自身で決めていますよ。ひきずっていいことはないから。

副社長 時々つまらないことで喧嘩するよね、僕たち。酔っている時に喧嘩するのはもうやめよう(笑)。

社長 なんで喧嘩したのか、お互いに覚えていないしね。喧嘩したことすら覚えていないこともあるしなぁ(笑)。

副社長 今はないけど、昔はよく会社で喧嘩していたね。

社長 会社で喧嘩するなんて、会社の空気を悪くするだけ。良くない良くない! 本当に昔は自分に自信もなかっ

たし、いろんな意味で甘かった。すみません…。

副社長 今はちゃんとできていますよ。苦手なことも克服して、仕事として立派にやってきていると思うよ。ありがとうございます。

社長 私も一緒にいてもらえると楽だなー。

副社長 パートナーがいるということは、いろんな意味で楽だしね。会社は一人では作れないし、成功するためには思いを共有できるパートナーの存在は不可欠です。夫婦関係の在り方とも近い。だから、ひとつの手段として、夫婦で起業というのも良いかもしれないね。いいことがあったら、喜びも2倍になるし、何より共通の話題に事欠かないからね。

社長 うちの会員さんの中にもいるしね。どちらかがやっているから、私もと。力合わせて二人でやっている。そんなご夫婦を見るとついつい応援したくなっちゃう。

—— 佐藤夫妻の場合は、なぜ奥さんが社長に?

社長 もとは、主人が社長にと考えていたけれど、化粧品ビジネスだし、女性の私のほうがいいかな、と。自然な流れで私に。自信はなかったけど、副社長が一緒にやってくれるんだったら、という安心感があったなぁ。

副社長 でも楽しかったんでしょ。「社長、社長」って言われて気持ちいいんでしょ（と、突っ込む）。

社長 気持ちいいかどうかは置いておいて。誰かから頼られるというのは嬉しいことです。もう辞めるって言いません（笑）。

副社長 そう、女性が活躍する時代です。

経営を学んでいる娘と
3人で会社経営の会話も

副社長 でもうちは本当にありがたいことに、一緒にいながらも束縛することもなく、いろんなことを自由にやらせてもらっている。

社長 娘もいい子だしね。起業した時は、まだ小6だったけど。母のサポートもあって、おかげさまですくすく育ちました。

副社長　彼女は会社にも協力的だよね。大学生となった今、さり気なく話に参加してきて、客観的なアドバイスをくれたりするしね。実は感心しているんだよ。若い人からの視点は参考になる。

社長　大学で経営の勉強をしているから、興味があるんじゃないかな。

副社長　経営の話で親子のコミュニケーションが取れる日が来るなんて。感無量です。

社長　それも夫婦起業するメリットだね（笑）。

家事を手伝ってもらって感謝
案外主婦に向いてるかも（笑）

社長　でも永次さん、最近本当に家事を手伝ってくれるようになったよね。料理、掃除も洗濯も手伝ってもらって感謝していますよ。あなた、案外主婦に向いているかも（笑）。

副社長　気づいた時にやりたいからやっているだけ。掃除をしたほうが運気が上がるような気がするし。トイレ掃除は開運にいいと聞いたから、ついついやっちゃうんだよ（笑）。

社長　でも会社立ち上げた頃、何にもやってくれなかったよね。あの時は、自分に対して余裕がなかったから、たった一言の「ありがとう」が欲しかったけど…。それがなくて、悶々としていて、一度爆発して大喧嘩したことがあったね。あれから変わってくれたけど、でも…。

副社長　僕の欠点ですね。思っていても、妻にねぎらいの一言が言えない。

社長　他人には言えるのにね。一番大事な妻に言えないなんて、ダメよ。

副社長　自然に言えなくて、言うとわざとらしくなっちゃうよ。

社長　もう最近では、そういう人なんだ、と思って諦めています。この人が私を褒める時がきたらもう終わりなんだな、と（笑）。でも、本当に、いつも永次さんには感謝しています（笑）。ありがとう。

副社長　こちらも。いつも感謝しています。ありがとう。これからも社長業よろしくお願いいたします。

社長　はい。頑張ります。

-COLUMN-

妻・知己の書籍出版に際して
佐藤永次

「永遠の夢追い人でありたい」

　ある調査機関が発表した資料によれば、「男子小学生の将来の夢」のトップは、プロのサッカー選手。2位以下が野球選手、学者、医師だそうです。

　私も小学生の頃の夢は、プロ野球の選手だったことを思い出します。しかし、そんな夢も大人になれば遥か彼方のもの。成長するにつれて、発想は、現実的なものへと変化します。多くの人が、「夢」というよりも、「何となく幸せな生活ができればいいかな〜」と、なってしまうような気がします。

　もちろん、いくつになっても、夢を追い求める人もいます。男としては、とても魅力的でもあります。

　私自身も、10年前に描いていた夢を思い出してみると、――夢として語るのは恥ずかしいのですが――「家族が健康で、日常生活を平和に送ること」でした。

　言い方を変えると、普通に生活ができて、時々旅行に行けたら

いなというものです。夢というより、希望…何とも寂しいものでした(笑)。

　そんな私が、実は今、大きな夢を掲げています。

　その夢を具体的に語るのはとても恥ずかしいのですが、この本の出版の機会に、お伝えします。

「多くの人々に豊かさをお届けできる、日本一の会社を作る」

　というものです。

　この大きな目標に向かって、今は色々な人と会い、語り合い、様々な挑戦と失敗を繰り返しているところです。

　10年前と比べたら、格段に人生を楽しんでいると思うし、日々充実感とともに生活していると思います。

　それも、やはり、妻と二人で会社を起業したことが大きいと思います。

　本文でも触れておりますが、業界未経験の二人で立ち上げた会社。当然のことなのですが、最初はなかなか思う通りにいかずに、失敗の連続。夫婦で、ぶつかることもよくありました。

　そんな時に会社経営をする先輩から、教えていただいたのが

「うまくいかない大きな理由のひとつに、考え方、意識の部分が大きく影響している」

ということでした。つまり、考え方ひとつで会社経営は成功する。そう私は受け止めました。

それまでの自分は、『失敗したらどうしよう』というネガティブな発想が、当時の自分自身を多く支配していたと思います。当然のことですが、夢が語れない会社や、心からの笑顔のない経営者に、人が魅力を感じてくれるわけありません。

そこから私は、考え方、心の在り方を強く意識するようにしました。

まず「すべてに感謝すること」、そして「プライベートも仕事も楽しむ」ということです。

どんなに大変な問題にぶつかってもそれを楽しむということです。

そして、子供の時の感覚で夢を思い描き、色々な場面でその夢を語るのです。

難しいことのように感じる方もいらっしゃるかもしれませんが、意識を変えることで意外と簡単にできるものです。あとは、腹をく

くれるかどうか（笑）。

　勉強も修行も要らないものです。

　本気で意識を変えれば、すべてが動きだします。まず、自分自身の行動に変化が現れます。全身からハッピーオーラが自然に出てきます。素敵な笑顔が生まれ、声も元気なハリのある声に変わるはずです。次に、自分の取り巻く環境に変化が訪れるはずです。

　もし、あなたが本気で起業を目指していれば、自然とチャンスがやってきます。それに気づけることでしょう。

　起業する、しないに関係なく、自分の夢を叶えてくれる、出会いやチャンスが目の前に現れるはずです。

　自らチャンスを切り開くというのも良いのですが、自然に訪れたチャンスに乗っていくほうが簡単だし、川の流れに乗るようにスムーズに事が進むように思います。

　そのためにも「自己意識の変革」が大事なのだと思います。

　改めて。

あなたの夢は何ですか？　本当にやりたいことは何ですか？
　家族や仲間に遺したいものは何でしょうか？　今一度、真剣に、いや楽しく考えてみてください。そこからすべてが動き出すはずです。

　私がラッキーだったのが、超ポジティブ思考の佐藤知己と一緒に起業したことだと思います。彼女の「超ポジティブさ」に引っぱられるカタチで、私の意識も変化してきたと思います。
　彼女は口癖のように、本当に、いつも、いつも「私は運がいい」と言っていますから（笑）。
　この世にいる人が仮に「運がいい人」と「悪い人」に分けられるとしたら、間違いなく彼女は前者に入ると思いますが、それは彼女に特殊な能力か何かを与えられたから、という理由からではありません。でもどうして彼女が「私は運がいい」と言い切れるのか？　一番身近にいる私が断言できるのは、この2つ。
　両親、仲間、自分を取り巻く環境、すべてに感謝していることから。
　何が起きてもなんとかなるさというポジティブな発想で受け止める（腹が据わっている？）から。

彼女が「運がいい」のは、特殊な能力ゆえではなく、誰でも意識さえ変えれば今すぐできることを、当然のように日々実践しているからだけのこと。

　今から私が、小学生の頃の夢である「プロ野球選手」を目指すことはできません。たぶんね…(笑)。
　でも、子供たちに負けない位の大きな夢を掲げて、ワクワクと楽しい人生を送ることは、今からでもできることだと思っています。それは年齢に関係なく、誰でも、いつからでもできると思います。
　残りの人生の時間はわかりませんが、最後の最後まで人生最強のパートナーと一緒に、「超ポジティブ思考」で、夢を追い続けたいと思います。
　永遠の夢追い人でありたいから…。

ペレ・グレイス株式会社

取締役副社長　佐藤永次

これからも、たくさんの素敵な出会いをしていきたい

人生って本当に何があるかわかりません。

まさか私が社長になるなんて!!

夫婦で細々と無理をしないで身の丈にあったカタチでスタートした会社がまさか年商36億円の会社にまで成長するなんて!!

そのうえ、この私がまさか本を出版することになるなんて!!

自分自身が一番驚いています。

でも、最近思います。

もしかしたら、潜在意識の中で無意識に望んでいたことなのかもしれないな…と。

私は人生って、ご縁の積み重ねだなーと思います。

そして、人生は誰と出会うかによって大きく変わるものだと思います。

情報も成功も幸せも、もしかしたらお金も人が運んできてくれるものなのかもしれない。

人との出会いが多い人ほどチャンスに巡り合う機会も増えるということなのかもしれません。
　これからも、たくさんの素敵な出会いをしていきたいと願っています。

　本書の出版にあたり、編集を協力してくださったハワイのライターの大崎百紀さん、素敵なデザインの本に仕上げていただいたかざひの文庫の磐﨑文彰さん、ハワイ在住のあいらんど・どりーむずの小松夫妻にこの場を借りて心より感謝致します。

　今、私がこのように幸せにいられるのは、ペレ・グレイスにご縁をいただき、支えてくださっている多くの皆様のお陰です。
　そして、両親、家族、友達、会社のスタッフ、仕事仲間の皆様…。
　私に関わっていただいているすべての皆様に、改めて心より感謝致します。
　そして天国の父とアカへも感謝の思いを届けたいです。
　ありがとう!!　MAHALO

2016年3月

佐藤知己

PROFILE

佐藤知己
TOMOMI SATO

1966年生。東京都出身。カナダ留学後、国内大手旅行会社に就職。1993年、結婚を機に退職。2006年、ペレ・グレイス(株)を設立し、代表取締役に就任。超ポジティブ思考で、口癖は「大丈夫！なんとかなるさ！」。中央大学名誉教授だった父、(故)津村耕作氏の座右の銘を受けて、「知・好・楽」が人生のモットー。趣味は、ゴルフと美味しい食事とお酒を楽しむこと。一児の母。

ハワイの女神ペレに導かれて
〜ビジネス未経験の専業主婦を成功させたホ・オポノポノ式経営〜

著者　佐藤知己

2016年4月8日　初版発行

発行者　磐崎文彰
発行所　株式会社かざひの文庫
　　　　〒110-0002　東京都台東区上野桜木2-16-21
　　　　電話／FAX 03(6322)3231
　　　　e-mail:company@kazahinobunko.com
　　　　http://www.kazahinobunko.com

発売元　太陽出版
　　　　〒113-0033　東京都文京区本郷4-1-14
　　　　電話03(3814)0471　FAX 03(3814)2366
　　　　e-mail : info@taiyoshuppan.net　http://www.taiyoshuppan.net

編集協力　大崎百紀
デザイン　BLUE DESIGN COMPANY
印刷　シナノパブリッシングプレス
製本　井上製本所

©TOMOMI SATO　2016,　Printed in JAPAN
ISBN978-4-88469-870-6

取材協力
あいらんど・どりーむず　http://www.hawaii-islanddreams.com/
リトリートハウス・HaleHo'okipa（おもてなしのお家）
http://www.hawaii-islanddreams.com/accommodations/room/halehookipa/